靖国と憲法

百地　章 著

成文堂

諸外国からの靖国神社参拝

（写真提供：靖國神社）

アルゼンチン共和国　フロンディシ大統領夫妻
（昭和36年12月15日）

パキスタン陸軍最高司令官　モハメット・ムザ大将
（昭和39年10月17日）

ビルマ連邦共和国労働大臣　タイセン氏
（昭和39年 9 月20日）

西ドイツ練習巡洋艦ドイッチェランド号　士官候補生
西ドイツ　ジェットマン駐日大使
（昭和40年 3 月26日）

南ベトナム経済大臣　グエン・ノック・チュイ氏
（昭和42年４月３日）

ブラジル国　ドンジャイネ司教
（昭和43年９月６日）

在日米海軍司令官　スミス少将
（昭和44年４月９日）

スペイン海軍練習艦隊ファン・セバスチャンエルカー号
艦長　リカルド・バリエスピン・ラウレル海軍中佐以下
（昭和47年３月21日）

チリ国空軍士官学校研修団　団長ヴァン・シェーエン空軍少将以下
(昭和48年5月14日)

ソ連プラウダ論説委員　ビクトル・V・マエフスキー氏
(昭和48年6月4日)

フランス練習艦　ジャンヌ・ダルク号　艦長ステファーノ・ボーサン海軍大佐他
（昭和52年３月７日）

チベット　ラマ教法王　第14世ダライ・ラマ
（昭和55年11月１日）

インドネシア共和国　アラムシャ・ラトウ・プラウィネガ宗教大臣以下
（昭和56年６月22日）

インド国民軍陸軍大佐　シャーザダ・ブランディーン・カーン氏
（昭和59年12月23日）

アメリカ空軍横田基地副司令官　エドワード・フライ大佐
（昭和61年３月６日）

スリランカ大使　C・マヘンドラン氏
（平成４年３月１日）

はしがき

靖国神社の前身である東京招魂社が東京の九段坂に創建されたのは、明治二年（一八六九年）である。アメリカのアーリントン国立墓地が完成したのは第一次世界大戦後であるから、その半世紀も前のことであった。そして明治十二年には靖国神社と改称、二十年には、シャム（現在のタイ）国王の弟である外務大臣が参拝している。以後、大正から昭和にかけて、靖国神社にはアメリカ、イギリス、フランス、ロシアを初めとする世界各国から元首、大使、軍隊等が、毎年数多く参拝してきた。

とりわけ興味深いのは、満州事変の翌年（昭和七年）リットン調査団が来日した折に、イギリスのリットン卿、フランスのクローデル将軍、アメリカのマッコイ将軍ら一行が揃って同神社を参拝していることである。またイギリスの武官やアメリカ軍艦の艦長ら一行などは、先の大戦の開始前、昭和十四年頃になっても参拝を続けている（巻末、資料）。

これは、靖国神社がいわれるような軍国主義とは全く関係がなく、わが国における「戦没者慰霊の中心施設」であったからに他ならない（ちなみに現在、靖国神社の本殿に向って左隣りには、世界のすべての戦没者を祀る「鎮霊社」が存在し、本殿同様、朝夕の奉仕が行われている）。

この事実と国際的評価は、大戦後も変わってない。であればこそ、戦後も昭和二十七年の講和独立以後は、再び戦前同様に世界各国からの参拝が開始され、外務省等の反対によって実現はしなかったが、サッチャー首相や現ブッシュ大統領なども訪日の際、靖国神社参拝を希望していた。つまり旧連合国でさえ、いわゆるA級戦犯の合祀など全然問題にしていないわけである。したがって、サンフランシスコ講和条約の当事国でもない中韓両国による「A級戦犯合祀」を理由とする首相の靖国神社参拝批判が、為にする内政干渉にすぎないことは、この一事をもってしても明らかであろう。

また、首相の靖国神社参拝を政教分離違反とする批判も、政教分離そのものに対する誤解に基づくものが多いように思われる。最高裁は、国家と宗教は一切関わりを持ってはならないなどとは一言も言っていないし、憲法の政教分離が国家と神道の関わりのみを厳しく禁止しているなどというのも、憲法の保障する宗教平等の原則に反するからである。

この点、国民の大多数は常に首相の靖国参拝を支持しており、一昨年（平成十三年）八月の小泉首相の靖国神社参拝にしても、これを支持する声は、各種世論調査で国民全体の八割前後にまで達していた。他方、政教分離を理由に反対する国民は全体の一割にも満たない（第四章）。これが国民の良識というものではなかろうか。

このような事実を前に考えると、あの平成九年の愛媛県玉串料判決とは一体何であったのか、今更ながら理解に苦しむ。戦没者の慰霊と遺族の慰藉のためのわずかばかりの公金の支出を、対象が靖国神社であるというだけで、当時の最高裁大法廷は圧倒的多数でもって違憲としてしまったからである。しかしさすがにこの問題だらけの判決に対しては、玉串料支出を違憲と考える憲法学者たちからさえ批判が続出しており、とても後世の評価に堪え得るものとは思われない。しかも、判決には「事前漏洩」といった稀に見る不祥事が付きまとっていた（第二、三章）。

本書は筆者にとって第三冊目の論文集である。第一章から第三章はこの愛媛県玉串料訴訟を取り扱ったものであり、「漏洩事件」の詳細と最高裁判決の問題点が良くお分り戴けるものと思う。このうち第一章は拙著『憲法と政教分離』に掲載されたものであるが、品切れとなったため本書に再録することにした。また第四章は、現在かまびすしく論議されている首相の靖国神社参拝と靖国神社に代わる国立追悼施設建設問題を取り上げ、先に述べたような歴史的事実と国際的評価を踏まえつつ、靖国神社参拝の合憲性と追悼施設建設の有害無益性を論じている。

最後に補論であるが、これは講演の一部を抜粋したものである。ここでは「政教分離とは何か」という問題について、筆者が最近考えていることの一端を紹介している。それは国家論との関連で言えば、政教分離（Separation of Church and State）というのは、あくまで「ステイト（State）つまり権力機構としての国家」にかかわる問題であって、「ネイション（Nation）としての国家」すなわち「共同体としての国家」とは直接かかわりのないことではないか、ということである。そして戦没者の慰霊などの問題は、まさにこの「共同体としての国家」にかかわる事柄ではないかと思う。この点については、いわゆる「市民宗教」の問題ともからめて、今後さらに研究を進めていきたい。

本書の刊行については、この度も成文堂社長阿部耕一氏、編集長土子三男氏および編集部の本郷三好氏には格別のお世話になった。また靖国神社からは貴重な写真をお借りすることができた。心からお礼を申し上げる次第である。校正の手伝いをして戴いた日本大学法学部専任講師の高畑英一郎君にも感謝している。

平成十五年九月

百地　章

目　次

初出一覧

第1章…愛媛県玉串料訴訟一審判決をめぐって（『愛媛法学会雑誌』第一七巻第二号、平成二年九月）

第2章…愛媛県玉串料訴訟最高裁判決「事前漏洩」事件（原題「事前報道された最高裁の『違憲判決』－愛媛玉串料訴訟「秘密漏洩」事件－」榎原猛先生古稀記念論集『現代国家の制度と人権』平成九年十一月）

第3章…愛媛県玉串料訴訟最高裁判決をめぐって（原題「愛媛玉串料訴訟最高裁判決をめぐって」『日本法学』第六十三巻第四号、平成十年三月）

第4章…靖国神社をめぐる諸問題

1　首相の靖国神社参拝をめぐって（『月曜評論』平成十三年七月号）

2　靖国問題をめぐる謬見（『月曜評論』平成十三年十一月号）

3　靖国参拝訴訟の問題点（『月曜評論』平成十四年一月号）

4　憂慮すべき新戦没者追悼施設構想（『やすくに』平成十四年三月号）

5　「サンデープロジェクト」の追悼施設推進論について（原題「「サンデープロジェクト」の追悼施設推進論を批判する」『祖国と青年』平成十四年十月号）

補　論…政教分離判例の流れと今後の課題（原題「戦後日本の政教分離－現状と今後の課題」國學院大學日本文化研究所編『日本の宗教と政治』（一部抜粋）、平成十三年三月）

第1章　愛媛県玉串料訴訟一審判決をめぐって

1　はじめに

愛媛県が靖国神社及び愛媛県遺族会に対して玉串料、供物料等の名目で公金を支出したことが憲法第二〇条三項及び第八九条に違反するかどうかが争われていたいわゆる愛媛県玉串料訴訟において、第一審の松山地裁は平成元年三月一七日、公金の支出は憲法二〇条三項に違反するとの判決を下した。判決は、津地鎮祭訴訟最高裁判決の示す「目的効果」基準をふまえ、要旨次のように述べている。

まず本件玉串料等の支出の目的であるが、判決は、「支出者側の主観的意図としては、愛媛県出身の戦没者に対する慰霊とその遺族に対する慰藉を目的として行われたものと認められる」ものの、本件支出は「一宗教団体である靖国神社の祭神そのものに対して畏敬崇拝の念を表するという一面が、どうしても含まれてこざるを得ない」から、「本件玉串料の支出の目的が宗教的意義をもつことを否定することはできない」とする。

次に効果という点では、判決は、靖国神社が「終戦前において国家との間に強い結び付きを有したという、政教分離の問題を考える際に避けて通ることのできない過去を有しており、しかも、戦後においても現在に至るまで国家との間に結び付きを持とうとする動きの続いている宗教団体である」こと、それゆえそのような「神社の恒例祭に際して」「公金を支出することは、それが一回限りの場合であっても」「愛媛県と同神社との間に他の宗教団体との間には見られない特別の結び付きを生じる結果となり、さらに、それが広く知られるときは、一般人に対しても、靖国神社は他の宗教団体とは異なる特別のものであるとの印象を生じさせ、あるいはこれを強めたり固定したりする結果となるおそれがある」こと、まして「同様の支出が毎年繰り返されていけば、その継続性ゆえに、その支出によって生じる愛媛県と靖国神社との結び付きも無視することができなくなり、それが広く知られるときは、一般人に対しても靖国神社は他の宗教団体とは異なり特別のものであるとの印象を生じさせ」、「ひいては、同神社の祭神に対しては各人の信仰のいかんにかかわらず畏敬崇拝の念を持つのが当然である、との考えを生じさせ、あるいはこれを強めたり固定したりする可能性が大きくなっていく」ことから、「本件玉串料等の支出は、愛媛県と靖国神社との結び付きに関する象徴としての役割を果たしていると見ることができる。したがって、本件玉串料等の支出は、経済的な面から見ると、靖国神社の宗教活動を援助、助長、促進するものとまでいえなくとも、精神的側面から見ると、右の象徴的な役割の結果として、靖国神社の宗教活動を援助、助長、促進する効果を有するものということができる」とした。

また、本件供物料の支出に対しても、判決は「供物料の支出は、形式上県遺族会に対してなされているものの、実質は、県護国神社」が「祭神を祭るために行う宗教上の儀式である祭祀に向けてなされた支出である」から、靖国神社に対する玉串料等の支出と同様に、その目的と効果からみて違法であり、憲法二〇条三項の禁止する宗教的活動に当る、とした（以上、傍点引用者）。

判決は、筆者の見るところ、原告側の最終準備書面にほぼ全面的に依拠したものであると思われる。とりわけ本判決の核心部分となっているのは、本件玉串料等の支出が愛媛県と靖国神社との「結びつきに関する象徴」としての役割を果たしているという点であると思われるが、この「象徴的結合」の理論なるものは、原告側が最終準備書面の中で、最も強調した点であった。[1]この理論は、後述するアメリカのボール事件判決（一九八五年）において初めて登場したものであるが、原告は、「その〔判決の〕中の『教会と州の象徴的結合』という提示に、県の靖国神社との関係性を読み取った」といい、この理論こそが「今回の判決の重要な判断基準になっている」との感想を、判決後の報告集会で語っている。[2]

しかしながら、本判決には様々な問題点が含まれていると思われる。その第一点は、最高裁判決から見た疑問であるが、[3]第二節で詳述するように、本判決は形式的には最高裁判決の提示する

「目的効果基準」に立脚しているとはいうものの、実質的には明らかにこの基準から逸脱しているると思われる。栗城教授によれば、「本判決は、最高裁判決と同一の判断基準を採用しながらその適用において大きな隔たりを示したと見るよりは、むしろ、言葉のうえで同一の判断基準を用いながら、実質的には異なった判断基準を用いたと見るべきだということになるであろう[4]」とされるが、けだしその通りと解されよう。第二点は、本判決の下敷きとなったと思われるアメリカのボール事件判決[5]との比較の当否および「象徴的結合の理論」の適用の仕方に対する疑問である。このうちまずアメリカの判例の援用の仕方についての疑問であるが、ボール事件は、後で見るように、明らかに宗教系私立学校に対する「財政援助」のケースである。それに対して本件玉串料訴訟は「財政援助」でも何でもない、単なる「儀礼的支出」が問題とされている事件にすぎない。このようなケースに対して、アメリカの「財政援助」事件という全く別類型に属する判例を援用するのが果たして妥当といえるのかどうか。というのは、アメリカの判例は、同じ政教分離問題についての判決であっても、事案によって結論は微妙に異なるからである。それゆえ、若しアメリカの判例を援用するにしても、同類型ないし可能な限り類似したケースを参考にすべきではなかったかと思われる。次に、本判決がボール事件の「象徴的結合の理論」を踏まえたものであると解される点であるが、後で見るように、この理論自体がかなり曖昧なものであると考えられること、また仮にこの理論を適用したとしても、ボール事件の場合は州と宗教学校との結びつきという点で、かなり現実的な危険ないし危険の可能性が存在したのに対して、本件玉串料事件の場合には、県と靖国神社および護国神社との結びつきというのはあくまで観念的なものにとどまり、ボール事件ほどの危険の可能性さえ存在しなかったことがわかる。それゆえ、判決の結論に対しては大きな疑問が残るが、これらの点については、第三節で詳しく検討することにしよう。

因みに、原告側の最終準備書面が提出されたのは昭和六三年一月末であったが、それは被告側の最終準備書面が提出（昭和六二年三月）され約一年近く経ってからのことであった。しかも原告側の最終準備書面が提出されて約半月後（昭和六三年二月）には結審しているから、以上の点については被告側からの反論が全然なされないまゝ判決が下されたことになる。それ故、本件玉串料等の支出を合憲とし、松山地裁に鑑定書を提出した筆者としては、本判決は到底支持できないことから、以下、ほぼ憲法上の問題に焦点を絞った上で、改めて反論を試みたいと思う。

（1）　原告側準備書面（第一四）（昭和六三年一月二九日提出）、四五～四七頁。
（2）　「仏教タイムス」平成元年七月一五日。
（3）　筆者は、別稿でも触れたように、津地鎮祭訴訟で示された最高裁判決の立場を基本的には妥当なものと考えており（拙稿「愛媛県玉串料訴訟の問題点」『愛媛法学会雑誌』第十四巻第四号（昭和六三年）五三～五七頁〔拙著『憲法と政教分離』（平成三年）所収二一〇～二一四頁〕等）、本判決を最高裁判決の立場から批判するのも、このような理由によるものである。
(4) 栗城壽夫「最新判例批評、一二五」、『判例評論』三七〇号(平成元年)、一八一頁。ただし、教授によれば、「最高裁判決によっても正しく認識されている政教分離規定の趣旨・目的の貫徹の基本方針から外れたのは最高裁判決であって本判決ではない」とされる(同頁)。
(5) Grand Rapids School District v. Ball, 473 U.S. 373 (1985).

2 最高裁判決からみた問題点

(1)——本判決に対する疑問

さて、本件玉串料訴訟判決については、従来の最高裁判決に照らしても多大な疑問が残るが、「目的効果基準」の適用の仕方に対する疑問を述べる前に、それ以外の特に疑問と思われる点について若干言及しておくことにしよう。

その第一点は、本判決の靖国神社に対する評価の仕方が一面的にすぎ、その結果、本判決の結論そのものがきわめて偏頗なものとなっているのではないか、ということである。判決は靖国神社について、戦前は「国家神道体制」の「中核を担」った神社であり、「国家との間に強い結び付きを有した」こと、また「戦後においても現在に至るまで国家との間に強い結び付きを持とうとする動きの続いてきている宗教団体である」とする。しかしながら、戦前の靖国神社に対する評価はさておくとして、判決は、靖国神社が「一宗教団体」となったことを強調するあまり、事実として、同神社が戦没者慰霊のための中心施設であるという点を故意に無視し、玉串料支出はあくまで一宗教団体の祭神に対する信仰の表明にとどまると結論づけている。そのため、判決からすると、靖国神社という単なる一宗教法人が、理由もなく国家と結びつこうとしているかの如き印象さえ受ける。しかしながら、靖国神社について国家護持や公式参拝が叫ばれてきた理由は、同神社が宗教法人の形をとってはいるものの、わが国における戦没者慰霊の中心施設としての側面を有するからに他ならない。愛媛県が玉串料等を支出してきたのも、単なる一宗教法人としての靖国神社に支出したわけではなく、あくまで同神社の戦没者慰霊施設としての側面に着目して支出したものである。この点、例えば宗教的文化財に対する国からの補助金支出の場合にしても、支出先はあくまで「一宗教団体」ということになろうが、補助金はそれらの宗教施設が同時に重要文化財としての側面をもつことから、この側面に着目して支出されているわけであって、その論理は本件玉串料支出の場合と全く同様である。それ故、判決の論理からすれば、宗教的文化財への補助金の支出でさえも、信仰の表明ということになりかねない[3]が、これらの点については、後でもう一度触れることにする。

第二点は、知事の「故意」の認定の仕方をめぐる疑問である。判決によれば、知事は「本件玉串料等の支出が憲法に違反するという見解のあることを十分に認識し」、「右支出が違法である可能性も相当大きいことも十分知って」いながら、「違法であったとしてもそれはそれでやむを得ない、との判断を下し、この判断に従って行動したと認めることができる」から、被告知事には「未必的なものとはいえ、本件玉串料等の支出が違法なものであることについての認識があったものと見ることができる」（傍点引用者）とする。しかしながらその根拠については重大な疑義が存する。判決が知事について公金支出の違法性に対する「未必の故意」を認定する主要な根拠は、新聞報道であり、学者の説であるが、もしこのような乱暴な議論が許されるとするならば、例えば地方公共団体が自衛隊のための委託事務を行う場合でさえも、違憲、違法行為についての「未必の故意」が成立しかねない。しかし、それよりも何よりも、問題であるのは、主要な根拠とされた新聞報道自体が虚報であり、事実無根であったということである。

というのは、判決によれば、「昭和五七年一月三十日には、自治省が靖国神社や護国神社の例大祭などに玉串料や献灯料を公金から支出している各県に対し、『このような支出は憲法上疑義がある。自治体は疑わしいことはすべきでない』との立場から、これらの支出について再考を促すように個別に行政指導を始めたとの報道がなされた」という。しかしながら、当の自治省当局者が、そのような行政指導はしていない旨、同年三月の国会で言明している[4]他、県当局者もそのような指導は受けていない旨証言しているからである。そのような事実関係も確かめないまゝ、新聞報道をもとに「未必の故意」を認定するのはあまりに乱暴ではないか。また、判決が根拠とする学説にしても、所詮は私的解釈にとどまる。

知事はあくまで昭和二六年九月一〇日付、文部次官・引揚援護庁次長通達「戦没者の葬祭などについて」および同月二八日付文部大臣官房宗教課長代理発通牒「『戦没者の葬祭などに関する解釈について』」、地鎮祭訴訟最高裁判決の主旨、愛媛県監査委員の監査結果、さらには愛媛県議会での議決等をもとに玉串料等の支出は合憲であると判断して支出したものであって、単なる個人的信念のみに基づいて支出したわけではない。しかも知事は前知事時代からの支出をそのまゝ踏襲しただけであり、事務引き継ぎ当時、玉串料支出が問題とされたことはなかった。とすれば、被告側準備書面がいうように、「被告白石が知事に就任したのは昭和四六年一月」であり、「当時は既に一三年前から毎年本件各支出が行われており、被告白石は前任者の行為をそのまま踏襲したにすぎないのであって、担当者が交替しても既に決定した行為を引き継ぐことは行政の常道である」から、被告白石に違法性についての未必の認識があったとする本判決の認定が誤りであることは「容易に納得されるであろう(5)」。

この点、判決は本件玉串料等の支出が違法であるとする根拠として、右以外に、右各通達が「政教分離の方針に反する結果とならないように」との「注意」や「留保」を付していること、昭和二六年一一月七日付文部省課長名回答が、神社主催の戦没者慰霊祭に公務員が出席し、弔辞を述べ、神饌をおくることなどはさしつかえないが、「恒例祭」への出席は「なるべく避けることが望ましい」としていること、および昭和三九年の島根県からの「護国神社に対して供物料の贈呈若しくは祭祀料として公金を支出することはできないと思うがどうか」との照会に対し、自治省課長が「お見込みのとおり」と回答した例をあげている。しかしながら、そのような解釈はいずれも皮相であり、通達、回答の主旨を意図的に歪曲するものであろう。というのは、先ず昭和二六年九月付両通達の場合であるが、これら通達の主旨そのものは、「宗教団体が主催して行う戦没者慰霊祭であっても、地方公共団体が玉串料等を支出することは差支えない」とするものであって、「政教分離の方針に反しないように」との注意、留保は、あくまでそれが儀礼の範囲を超えたり、実質的な経済援助になったりして、特定の宗教に「公けの支援」を与えることにならないよう注意すべしとする付言にすぎないと考えられるからである。にもかかわらず、判決のいうように玉串料等の支出そのものが政教分離に反すると解するならば、通達はそもそも矛盾したことを述べていることになり、全く意味をなさないことになろう。次に「恒例祭」への出席についていえば、これはあくまで公務員の「出席」の問題であって、玉串料支出とは無関係なほか、回答そのものも「なるべく避けることが望ましい」というにとどまり、出席を禁止したものではない。又、本件についていえば、靖国神社の春秋の例大祭（恒例祭）には、玉串料は支出していても、知事はもとより、県の職員が「出席」した事実は存しないことは判決自身が認めるところである。他方、護国神社で行われる遺族会主催の慰霊祭には、毎年知事又は副知事が「出席」するが、「供物料」はあくまで県遺族会宛に支出されており、「玉串料」が直接護国神社に支出されたわけではない。したがって別段、問題となることはないし、むしろこのような県の「配慮」こそ、政教分離の方針に反しないようにとの前記通達、回答の「注意」を踏まえたものとみることができよう。さらに昭和三九年の回答についていえば、その後、昭和五〇年三月には参議院予算委員会で、永井文部大臣が二六年通達を有効としているほか、昭和五七年三月にも、文部省当局者が通達は廃止されておらない旨言明し、同年七月一六日の閣議でも宮沢官房長官によって同通達の有効性が再確認されている。このような諸事実からすれば、昭和三九年の回答の方にこそ疑義が生ずるであろう。あるいは、同回答は、むしろ、戦没者の慰霊のためといった特別の名目ないし理由もなしに、護国神社に対して一般的に公金を支出することはできないのではないかとの質問に対する回答と解することもできる。そして、若しそう解することができるとするならば、同回答は戦没者慰霊のため玉串料等の公金支出を認めた二六年通達とは何ら矛盾しないことになろう。

本判決については、右に述べた二点以外にも種々疑問があるが、しかしそれらの疑問を列挙するのはこの辺にして、本判決の最大の問題点である目的効果基準の適用の仕方に焦点を絞り、以下検討を加えることにする。

(2)――玉串料支出の「目的」をめぐって

玉串料支出の「目的」について、判決は次のように認定している。すなわち、靖国神社は「憲法上の宗教団体」であり、例大祭およびみたま祭りは同神社の祭神に対し「畏敬崇拝の念を表する行為」であるから、これは明らかに「宗教上の儀式」である。そしてその宗教上の儀式である「祭祀を行うのに際し」、玉串料、献灯料の「名目」で支出されたものであるから、右公金の支出が「宗教とかかわり合いをもつものであることは明らかである」と。

そこで、本件玉串料支出の目的であるが、「支出者側の主観的意図としては、愛媛県出身の戦没者に対する慰霊とその遺族に対する慰藉を目的として行われたものと認められる」ものの、同神社の「祭神を祭るうえで重要な意義を有する祭祀」に際し、玉串料、献灯料の「名目」で公金を支出したわけであるから、「一宗教団体である靖国神社の祭神そのものに対して畏敬崇拝の念を表するという一面が、どうしても含まれてこざるを得ない」。それゆえ、「本件玉串料等の支出の目的が宗教的意義をもつことを否定することはできない」と判決はいう。

果して、判決のこのような「目的」の認定は妥当といえるか。また最高裁判決からみて問題はないか、以下、逐次検討を加えていくことにしよう。

① 先ず、判決が本件玉串料等の支出の「目的」を「宗教的意義をもつ」ものと認定した点であるが、だからといって、判決は玉串料等の支出が戦没者の慰霊および遺族の慰藉という「社会

的儀礼」を目的として行われたことを全面的に否定しているわけではない。「被告ら支出者側の主観的側面においては」との留保付きながら、判決も、被告側が主張する「本件玉串料等の支出は社会的儀礼的行為である」との主張をともかく認めざるをえなかった。むしろ判決は、玉串料等の支出が社会的儀礼を目的としてなされたとしても、「そのことから直ちに右支出の目的が専ら世俗的なものであるとするには困難が伴う」というだけであり、又、「目的が宗教的意義をもつことを否定することはできない」（傍点引用者）という消極的なものであって、玉串料支出の目的が宗教的意義をもつというのは、あくまでそのような「一面」を有するというにとどまる。

②　次に、判決のいうように、本件玉串料等の支出が果して宗教的意義をもつといえるのか、という点であるが、判決の主張の根拠は、玉串料等の支出が「一宗教団体である靖国神社の祭神そのものに対する畏敬崇拝の念の表明」といった「一面」をどうしても含まざるをえないから、ということに尽きる。この点、確かに靖国神社側にとってみれば、玉串料等の支出は「祭神」に対するものであることは否定できない、なぜなら、現に靖国神社は一宗教法人の形をとり、戦没者の御霊を「祭神」としてお祀りしていることは間違いないからである。しかしながら、県はあくまで「戦没者」の慰霊、遺族の慰藉の一環として公金を支出しただけであって、決して「祭神」に対する畏敬崇拝の念の表明すなわち「信仰の表明」として公金を支出したわけではない。というのは、県は戦没者の慰霊、遺族の慰藉のために様々な事業を行い、公金を支出しているわ

けであって、それらの中には、全国戦没者追悼式への出席や供花料の支出、千鳥ヶ淵戦没者墓苑での慰霊祭への出席や公金の支出、あるいは沖縄における戦没者慰霊塔の建立と維持管理費の支出なども含まれており、靖国神社での戦没者慰霊祭に対する玉串料等の支出も、それらと全く同質の公金として支出されているにすぎないからである。

この点、靖国神社の評価の問題としては、確かに判決のいうように、同神社が一宗教法人であることは否定できないし、その意味では、靖国神社が他の一般の宗教団体以上の地位を認められていないのも事実である。しかしながら、それはあくまで法的にみた場合であって、歴史的、沿革的に見れば、同神社が戦没者慰霊の中心施設であること、そして現に戦没者を慰霊し、一般国民もこれを戦没者慰霊施設と評価していることは間違いない。[8] 又、遺族等の関係者にとっても、靖国神社に合祀されている戦没者は亡き父であり、夫であり、また戦友等であって、必ずしも「祭神」として信仰の対象とされているわけではない。このことは、判決自身も認めるところであって、同判決が「靖国神社を戦没者の霊の存在する場所と考え、そこに参拝することによって故人と対面することができるとの感情を抱いている戦没者の遺族その他の関係者は数多い」(傍点引用者)としていることからも明らかであろう。

つまり法的にみた場合はともかく、事実的側面から見た場合には、靖国神社はあくまで戦没者慰霊施設であって、靖国神社そのものが二つの側面を持つと考えられる。そこで、県はあくまで事実的側面を重視した上で、玉串料等を儀礼的に支出しただけであって、この点からしても、玉串料等の支出を単純に「祭神」に対する信仰の表明と断定することには無理があると思われる。(補1)

判決は、玉串料等の支出が靖国神社の「祭神」に対する信仰の表明であるとする根拠として、例えば「玉串料」の名目を問題としたり、それが「祭神」を祭る祭祀に際して支出されている点などをあげている。しかし、前者についていえば、すでに鑑定書でも指摘したとおり、公金の支出先が神社だからという自明の理由によるものであって、戦没者慰霊祭が仮に寺院で行われた場合には「香典」あるいは「仏前」などといった「名目」で支出されるのは常識であろう。この場合にも、判決は公金が「香典」あるいは「仏前」の「名目」で支出されたことを理由に、仏教信仰の表明と断定するのであろうか。ちなみに、護国神社で行われる遺族会主催の慰霊祭の場合には、公金の支出先はあくまで遺族会であるから、名目も「供物料」にとどまっており、「玉串料」ではない。また、後者についていえば、県は春秋の例大祭およびみたま祭りを戦没者のための慰霊祭として位置づけ、その慰霊祭に際して支出しただけであって、公金の支出が戦没者の慰霊を目的とするものである以上、それはきわめて自然であろう。むしろ、慰霊祭でも何でもない時に、県が靖国神社に対して何度も公金を支出するということになれば、その方がかえって不自然であり、先に触れた昭和三九年の自治省課長回答からみても疑問が生ずることになろう。さらに、自治体の功労者や名誉県民、名誉市民などが死去した場合には、例えばそれが仏式葬儀であれば、「香典」等の名目でその仏式葬儀に際して公金が支出されることも多く、またそれが常識というものであるが、判決はこれをしも仏教信仰の表明とみなし、わざわざ葬儀の機会を外して公金を持参すべしというのであろうか。

それゆえ、以上述べたことから、本件玉串料等の支出を祭神に対する信仰の表明であって宗教的意義を有するとする本判決の立場は、とうてい支持することはできない。

③ 第三に、仮に、本件玉串料等の支出が宗教的意義を有するとした場合、果して公金を支出することは一切許されないのであろうか。

この点については、津地鎮祭訴訟最高裁判決をもとに考えてみる必要があろう。地鎮祭（起工式）について、最高裁判決はこれを「建築着工に際しての慣習化した社会的儀礼」であり「世俗的な行事」であると判断し、地鎮祭の「目的は建築着工に際し土地の平安堅固、工事の無事安全を願い、社会の一般的慣習に従った儀礼を行うという専ら世俗的なもの」であると認定した。しかしながら、判決自身、他方では、この地鎮祭が「専門の宗教家である神職」によって「神社神道固有の祭式に則り」行われた宗教儀式であり、「神職自身も宗教的信仰心に基づいてこれを執行した」ことをはっきり認めている。にもかかわらず、判決は専ら「一般人及びこれを主催した津市の市長以下の関係者の意識」を問題とし、地鎮祭の目的を「世俗的なもの」と認定したわけであった。

つまり、最高裁判決は、目的の認定に当たっては、「当該行為に対する一般人の宗教的評価、当該行為者が当該行為を行うについての意図、目的及び宗教的意識の有無、程度」（傍点引用者）を、考慮すべきであるとしている。そしてこの立場から、地鎮祭についても、目的を認定する際には、あくまで「一般人及びこれを主催した津市の市長以下の関係者の意識」を問題としたわけであった。とすれば、本件玉串料等の支出についても、目的を認定する際に問われるべきは、玉串料等の支出に対する「一般人の評価」や「県当局者らの意図、目的及び宗教的意識の有無、程度」でなければならないはずである。ところが、判決は、「一般人の評価」には言及していないばかりか、「県当局者らの意図、目的」についても、あくまで「主観的意図」にすぎないとして、簡単にこれを退け、原告ら一部の反対者と裁判官のそれこそ「主観的評価」をもって「〈客観的?〉目的」であると断定してしまっている。これは明らかに妥当性を欠くものといわなければならないであろう。(9)

もし、本件玉串料訴訟判決がいうように、当事者の「主観的意図（?）」を離れて「目的」なるものを認定することになれば、地鎮祭でさえ、津市長らの「主観的意図」においては土地の平安堅固、工事の無事安全といった世俗的目的で行われたとはいうものの、本件地鎮祭は宗教家である神職が宗教的信仰心に基づいて宗教儀式を行ったものであり、その宗教儀式のために市が公金を支出したばかりか、宗教儀式そのものを市が主催したわけであるから、神道にいわゆる神に対して「畏敬崇拝の念を表するという一面が、どうしても含まれてこざるを得ないのである。」したがって「本件地鎮祭の挙行および公金の支出の目的が宗教的意義をもつことを否定することはできない」ということになろう。しかしながら、このような論法は最高裁判決の立場を真向から否定するものであって、明らかに最高裁判決の示す「目的」の認定基準から逸脱するものである。

また、右最高裁判決は、「例えば、刑務所等における教誨活動も、それがなんらかの宗教的色彩を帯びる限り一切許されないということになれば、かえって受刑者の信教の自由は著しく制約される結果を招くことにもなりかねない」ことを理由に、教誨活動を合憲としている。つまり、受刑者の希望に応じて行われる教誨活動の場合には、特定宗教の布教のためになされるわけであって、明らかに宗教的意義を持つことになる。が、最高裁はそれが「受刑者の信教の自由を保障するため」という合理的理由があることを根拠に、憲法の禁止する宗教的活動には当らないとしているように解することができる。とすれば、本件玉串料支出の場合にも、仮に宗教的意義を否定することができないとしても、戦没者の慰霊、遺族の慰藉という合理的理由がある以上（このことは「戦没者に対し報いることは国家としての当然の責務であり、国又は地方公共団体の手によって戦没者に対するいわゆる慰霊、追悼のための行為を行うことは、（略）極めて望ましいことというべきである」として判決自身が認めている）、政教分離違反とはならない、というように解することはできないであろうか。

さらにいえば、そもそも最高裁判決にいわゆる目的効果基準において決定的な意味をもつのは「効果」基準であって、仮にある種の国家行為の目的が宗教的意義を持つ場合であっても、その効果が特定宗教の援助、助長、促進又は圧迫、干渉にならなければ構わないことは教誨活動の例からも明らかであろう。また、最高裁判決によれば、「宗教上の祝典、儀式、行事等であっても、その目的、効果が前記のようなものである限り、当然、これ〔宗教的活動〕に含まれる」（傍点引用者）とされている。ということは、逆にいえば、「宗教上の祝典、儀式、行事等」であっても、目的および効果からして許される場合がありうること、その場合、「宗教上の祝典、儀式、行事等」でありながら、目的が宗教的意義をもたないケースなどは考えられないことから、結局、「効果」が問題となることになろう。つまり、最高裁判決にいわゆる目的効果基準は「目的」および「効果」の二条件を充たしたとき初めて政教分離違反とするものであって[10]、この点、アメリカのレモン・テストが「目的」「主要な効果」および「過度のかかわり合い」の三基準のうち一つでもクリアできなければ違憲としているのとは大きく異なる。

それゆえ、本件玉串料支出が仮に宗教的意義を有するとしても、それだけで違憲ということにはならず、改めて「効果」が問題とされなければならないであろう。

(3)——玉串料支出の「効果」をめぐって

それでは、判決は玉串料支出の「効果」についてどのように認定しているであろうか。

判決によれば、「本件玉串料等の支出は、愛媛県と靖国神社との結び付きに関する象徴としての役割を果す」ことになるから、「経済的な側面から見ると、靖国神社の宗教活動を援助、助長、促進するものとまではいえない」が、「精神的側面から見ると、右の象徴的な役割の結果として靖国神社の宗教的活動を援助、助長、促進する効果を有する」ことになるとする。そしてその理由として、靖国神社は戦前の国家神道体制の下において、その「中核を担う神社の一つとして」国家との間に強い結びつきを有したこと、また戦後においても同神社は「現在に至るまで国家との間に強い結び付きを持とうとする動きの続いている宗教団体である」こと、それゆえそのような神社に公金を支出することは、それが「一回限りの場合」でも、県と同神社との間に「特別の結び付きを生ずる結果となり」、「一般人に対しても」「特別の」神社であるとの「印象を生じさせ」、それを「強めたり固定したりする」「おそれがある。」まして、「同様の支出が毎年繰り返され」継続的に支出されるときは、靖国神社が「特別のものであるとの印象」をますます生じさせ、「同神社の祭神に対しては、各人の信仰いかんにかかわらず畏敬崇拝の念を持つのが当然である、との考えを生じさせ、あるいはこれを強めたり固定したりする可能性が大きくなっていく」ことをその理由としてあげている。

そこで、以下では、このような「効果」の認定が果して妥当か、検討を加えることにしよう。

①　まず、判決は「効果」の判断基準として、初めに触れたように、アメリカのボール事件判決にいわゆる「象徴的結合」の理論を援用していると思われるが、これは疑問である。というのは、第一に、最高裁判決は、そもそも「効果」を認定する際に「象徴的結合」などといった曖昧な基準を採用してはいないからである。最高裁判決にいう「効果」とは、あくまでそれが「宗教に対する援助、助長、促進又は圧迫、干渉等になる」かどうかということである。第二に、「象徴的結合」の理論は、後で詳しく述べるように、ボール事件では「効果」テストとして用いられていることは間違いない。しかしながら、この「象徴的結合」の理論については、実質的に「過度のかかわり合い」（行政的なかかわり合い）のテストに非常に近いものとみる見解[11]もある。もしそうであるとすれば、わが最高裁は「過度のかかわり合い」のテストは採用していないわけであるから、形式的には「効果」テストとして用いられているとしても、「象徴的結合」の理論を援用したことは問題であろう。

この点、本判決が、形式的にはともかく、実質的に「過度のかかわり合い」のテストを採用したのではないかとみる見解は少なくない。例えば、平野教授は、「愛媛玉串料判決においても、玉串料等の支出が『たとえ一回一回の支出額が少額なものであったとしても、同様の支出が毎年繰り返されていけば、その継続性のゆえに、その支出によって生じる愛媛県と靖国神社との結び付きも無視することができなくな』るとしているが、これも過度のかかわりのテストを視野に入れたものと読むことができるかもしれない[12]」と述べ、また、奥平教授も、「松山地裁が文字どおりでアメリカ式のレモン・テストを用いたといえるかどうか別問題として、同裁判所は効果および結びつきの程度という二要件にも判断を加えている[13]」と指摘しておられる。したがって、初めに述べたように、本判決は言葉の上では最高裁判決と同一の判断基準を用いながら、実質的には異なった判断基準を用いたものであって、疑問であるといわざるをえない。

第三に、ボール事件判決では、この「象徴的結合の理論」は文字どおり「象徴的結合（symbolic union）」という表現で用いられているのに対して、本判決では「結合の象徴」という意味で用いられており、両者の内容は明らかに異なるといわなければならない。というのは、まずボール事件判決で「政府と宗教の象徴的結合[14]」という場合には、これは政府と宗教との間に具体的、有形的な結び付きではなく、象徴的な意味での結び付きが存するということ、あるいは、両者の結合の仕方が象徴的である、ということであって、それなりに意味は了解できる。ところが、本判決では「象徴的結合」ではなく、玉串料等の支出が県と靖国神社との「結合の象徴」であるとされており、その意味するところは不明だからである。この点、判決の表現によれば、玉串料等の支出は「愛媛県と靖国神社との結び付きに関する象徴としての役割を果している」（傍点引用者）ということになる。日本語としてはわかりにくい表現であるが、端的にいえば玉串料等の支出が愛媛県と靖国神社との「結び付きの象徴」としての役割を果しているということになろう。つまり、玉串料は愛媛県と靖国神社との「結合の象徴」である、というわけである。

しかしながら、考えてみるに、「象徴」とは一般的に、抽象的で目に見えないものを表現する具体的有形物であると理解されている。とすれば、論理的に、玉串料が愛媛県と靖国神社との結び付きの象徴であるとするためには、その前提として県と同神社との間に何らかの結び付きの実体が存在することが必要であろう。そしてそのような目には見えないが、何らかの結び付きの実体が存在することを前提として初めて、玉串料がそのような結び付きを象徴する役割を果しているということが可能となる。ところが、県と靖国神社との間に何らかの結び付きの実体が存するかといえば、実際には、わずかな額の玉串料等の支出以外には結び付きなど存在しない(15)。つまり、判決が考えるような、玉串料によって象徴されるはずの結び付きなど、県と同神社との間にはいささかも存在しないわけである。となれば、玉串料がそのありもしない県と靖国神社との結びつきを象徴するということは一体何のことなのか。これでは論旨不明どころか、そもそも意味をなさないのであって、判決が一見分かったようで分かりにくいのは、右のような理由によるのではないかと思われる。

それゆえ、判決がそれなりに意味をもつためには、ボール事件判決を正確に引用し、玉串料等が県と靖国神社との間において「象徴的結合」の役割を果しているとすれば良かったのであるが、論理的厳密さを欠いたために、判決はきわめて非論理的で意味不明の結論を導き出すことになった(16)。加えて、ボール事件のケースでは、州と宗教学校の間には明らかに密接な協力関係が存在し、その意味で象徴的結合の実体も存在した。しかし、本件玉串料事件の場合には、県と靖国神社との間には玉串料等の支出を除いて密接な協力関係など存在しないし、象徴的結合の実体も存在しない。つまり、本判決がボール事件の「象徴的結合」の理論を援用したことについては、二重の意味で問題があったと考えられるが、この点については、次節で更に詳しく論ずることにしよう。

② 「効果」の判断基準をめぐる第二の疑問点は、本判決が「おそれ」とか「可能性」といったポテンシャルな効果や、「精神的援助」といった曖昧な効果を問題としている点である。この点、最高裁判決にいう効果とはあくまで「現実的効果」であって、ポテンシャルな効果は含まれないと解されるが(17)、ここでは、本判決の「効果」の認定に当って決定的な役割を果している「精神的援助」について、その問題点を検討することにしよう。

「精神的援助」について、先ずいえることは、最高裁判決にいう効果には、このような「精神的援助」なるものは含まれていないのではないか、ということである。少なくとも最高裁判決が「精神的援助」なるものを明言していないことは確かであろう。ところが本判決では、端的にいえば「精神的援助」の「可能性」まで問題にしているわけであるから、余りに主観的なものとなってしまって、これではとても最高裁判決の効果基準を踏まえたものとはいいがたい。

それはともかくとして、それでは「精神的援助」とは一体何を意味するのか。この点、本判決のいう「精神的援助」の意味するところは必ずしも明らかでないが、この概念は従来も、しばしば明確な定義がなされないまま使用されてきたのではないか。また「精神的援助」なることばは、アメリカの政教分離をめぐる判例の中にも見当らないのではないかと思われる。ちなみにボール事件判決では、国教樹立禁止条項が主として禁止しているのは、㈠宗教活動に対する国の支援（sponsorship）、㈡宗教活動に対する国の経済的援助（financial support）、および㈢宗教活動に対する国家の積極的関与（active involvement）であると述べるにとどまっている[18]。ただ、このうち、「経済的援助」以外の「支援」や「国の積極的関与」などはあるいは「精神的援助」の一種とみることができるかもしれないが、しかし「精神的援助」なることばは出てこない。それゆえ、政教分離問題において、「精神的援助」ということをわが国で首唱されたのは、恐らく熊本教授[19]ではなかろうかと思われるが、そのあたりの詮索は別の機会に譲るとして、ここでは取り敢えず熊本教授の主張される「精神的援助」とは何かを検討してみることにしよう。

教授はアメリカの判例をもとに、「精神的援助」について次のように説明されている。すなわち「精神的援助」とは、「国家による宗教的活動に対する精神的支援」のことである。つまり「国家による経済的援助、乃至有形の援助」を「物質的援助」と把握するならば、「国家による精神的支援、乃至無形の援助」を「精神的援助」と把握することが許されよう、という。そして、具体的には、前者は宗教学校に対する公金の支出や宗教団体に対する租税免除などを指すのに対して、後者すなわち「精神的援助」とは「公立校の内外での宗教教育、公立校での聖書朗読、主の祈りの問題などがその中心をなす。」そしてこれら以外にも「公立校内での聖書配布、公立校教師としての聖職者の聖衣着用、宗教的信条を理由とする良心的兵役拒否、宗教的理由に基づく休息日を定める日曜立法、公職就任および法廷での宣誓、宗教上の理由に基づく教育内容の制限（具体的にはいわゆる進化論の指導禁止）、修得単位としての宗教教育をめぐる問題等がある」（傍点引用者）とされる[20]。

つまり、いってみれば経済的援助（教授のいわれる「物質的援助」）以外の宗教への支援、協力、便益供与などはすべてこの「精神的援助」に含まれるようである。それゆえ、ある国家行為が「精神的援助」に当るということは、それが「経済的援助」ではないということの言い換えにすぎないことになる。また、肝腎の、「経済的援助」以外のいかなる精神的支援や、どの程度の無形の援助が「精神的援助」に該当するかは、結局明確には示されていないようであるから、「精神的援助」なる概念の外延は明らかとはいえない。そして、何よりも疑問なのは、次の点である。すなわち、本件玉串料訴訟で問題となったのは、それが「精神的援助」に当るから許されないとするケースであった。ところが、教授のいわれる「精神的援助」の中には、逆に、良心的兵役拒否や法廷での宣誓、あるいは日曜立法などのように、良心の自由や信教の自由を保障するための「精神的援助」であるとして積極的に肯定されるケースや、消極的ながら、それが「精神的援助」に当るとしても許されるといったケースまで含まれていることになる。とすれば、教授のいわれるこのような「精神的援助」の概念は、畢竟それ自体では違憲判断の基準、つまり「効果」テストの基準とはなりえない。つまり「精神的援助」に当ることを理由に、それは当然憲法違反であって許されない、などといったようないい方はできないことになる。それゆえ、熊本教授のいわれる「精神的援助」の概念は、あくまで国家による様々な援助を分類し、説明するための道具概念にとどまり、それ自体は、効果テストの判断基準たりえない。したがって、ある行為が「精神的援助」に当るからといっても、それだけでは違憲の根拠とはなりえないわけであるから、仮に玉串料等の支出が精神的援助に当るとしても、それだけでは違憲ということにはならない。

そこで、仮に「精神的援助」なるものを効果テストの基準として採用しようとするならば、それなりに厳密な定義が必要であると思われる。考えるに、まず国の機関（たる自然人）が特定の宗教を内心支持したり、支援したりするといった、文字通りの「精神的支援」にとどまる場合には、当然のことながら何ら問題は生じない。というのは、具体的行為（例えば支援の意志の表明、布教、宣伝、便益供与等）を伴わない限り、単に精神的に支援するといっても意味をなさないからである。それゆえ、「精神的援助」という場合には、何らかの具体的な国家行為を伴った場合に初めて意味をもち、かつ合憲性の問題を生ずることになる。

それでは、具体的に、ある国家行為が「精神的援助」に当るから許されないとされるのはいかなる場合か。この点、アメリカの判例の示すところでは、例えば「公認宗教を創る法律の制定[21]」、「政府によって支援された宗教的活動[22]」あるいは「州によって支援された布教[23]」などがそれに当るであろう。つまり、これらの国家行為の背後には特定宗教を支援しようとする国の意図、動機が考えられるほか、これらの国家行為が現実に特定宗教の援助、助長に当るということがわかる。従って、効果テストの基準として敢えて「精神的援助」なるものを考えるためには、㈠まず、国による特定宗教の支援の意図ないし動機が存在し[24]、㈡それらの国家行為が現実に特定宗教を援助、助長するものであって、しかも、㈢それが経済的、財政的援助には当らない場合、を指すといったように定義づける必要があろう。こうすればかなり明確な効果基準となると考えられる。また、このような意味の「精神的援助」であれば、最高裁判決にいう「特定宗教の援助、助長、促進」という「効果」に含めても良いのではないかと思われる。例えば、県が特定宗教を支援する意図をもって公金を支出し、かつそれが現実に特定宗教の援助、助長となる場合には、たとえそれが僅かな額であっても「精神的援助」に当るから許されないというように主張することができよう。

とすれば、本件玉串料等の支出が「精神的援助」に当るから違憲であるとするためには、㈠県による靖国神社支援の意図が存在し、かつ、㈡玉串料等の支出が現実に靖国神社に対する援助、助長となることが必要である。しかるに、県当局者はあくまで社会的儀礼として玉串料を支出したにとどまり、一宗教法人としての靖国神社の信仰を精神的に支援するといった意図は存在しなかったと解されるし、[25]わずかな額の玉串料等の支出が、現実に一宗教法人としての靖国神社の信仰を援助、助長することになったとは考えられない。現に、判決も単に、玉串料等の支出が「県と靖国神社との結びつきの象徴としての役割」を果しているというだけであり、それが宗教の公認、布教あるいは便益供与にあたるとまではいっていない。また、玉串料が県と靖国神社の結合の象徴であるという点については、前述のとおり、そもそも意味不明であり、象徴的結合の実体も存在するとはいえない。さらに、それ以外の効果という点では、判決が摘示するのは単なる「印象」「おそれ」「可能性」といったポテンシャルな効果だけであって、現実的効果とはいえない。

それゆえ、仮に右に述べたような「精神的援助」なる概念を承認するとしても、本件玉串料等の支出は到底「精神的援助」とはいえないことになろう。とすれば、玉串料等の支出が「経済援助」に当らないことは判決自身も認めるところであるから、結局、本件玉串料等の支出は、経済的にも、精神的にも靖国神社に対する「援助」とはいえないことになる。そして、このような結論は、諸外国において、戦没者慰霊が特定宗教とかかわり合いをもつ場合であっても、いずれも特定宗教の援助にあたるなどとは考えられていないこと[26]から、極めて常識的かつ妥当なものということができよう。

③　なお、本件玉串料等の支出の「効果」をめぐって、最後に一言、判決に対する疑問を提示しておくことにしよう。

判決が、本件玉串料等の金額はわずかであっても、客観的に見て宗教に対する援助に当るとした理由のうち、最大のものは、靖国神社が戦前、国家との間に強い結びつきを有し、現に国家との結びつきを求めているということであった。しかし、そこまでいうのであれば、例えば神道系私立大学に対する多額な財政援助[27]についても、やはり違憲といわなくてはならないのであろうか。というのは、これらの大学は戦前、いわゆる「国家神道」を担った神職を養成し、その意味で国家との間に強い結びつきを有したこと、そして現在でもなお、神職の養成を最大の使命の一つとしている大学であるからである。このような大学に対して、玉串料等の比ではない多額の財政援助を行うことは、判決の立場からすれば当然問題となるのではなかろうか。あるいは真宗教団などの場合、戦前、国家とは強い結びつきを有し、それはある意味で神道以上のものであった[28]。例えば従軍慰問使や布教使を中国大陸その他に派遣して、積極的に布教活動を行い、あるいは全国の刑務所の教誨師をほとんど独占して、受刑者に対する布教ないし教化を行ったのも真宗教団であった。とすれば、教誨活動についても、真宗のみは認めないとか、あるいは真宗系の大学に対する財政援助は許されないとかということになるのであろうか。

この点、判決は、宗教系私立学校への財政援助一般について、「国民の間で政教分離の原則に反するとして指摘されることがない」ことを理由に、合憲と判断している。それ故、神道系大学や真宗系大学に対する助成も勿論、合憲ということになろうが、それにしても「国民の合意」を理由に合憲としてしまうのは、玉串料支出に対する厳格解釈と比べ、いかにもバランスを欠いている。というよりも、判決は、判決の立場からすれば厳格であるべき政教分離解釈の基準として「国民の合意」なるものを持ち出し、それを有力な根拠として合憲と断定してしまうのであるから、論理的にも矛盾しているといえよう。現に学説の中には、宮沢教授のように、宗教系私立学校への助成は、「公の支配に属しない」教育事業への公金支出であり、「宗教上の組織もしくは団体」のための公金支出でもあって、いわば二重の意味で憲法八九条に違反すると解する有力説も存在する。(29)にもかかわらず「国民の合意」を理由に、いとも簡単に合憲と断定してしまうのであるから、これは疑問といわざるをえない。(30)

これに対し、厳格分離説の多くは、「平等原則」を理由に、これらの大学に対する財政援助は許されるとする。しかし、別稿でも繰り返し指摘してきたように、平等原則といえども絶対的なものではなく、当然合理的理由さえあれば差別も許されるはずである。また、仮に厳格分離説に立った場合、信教の自由を保障するために必要不可欠とされる政教分離よりも、平等原則の方が常に優越するとみるのが果して妥当かどうか、当然議論されなければならないであろう。そのような議論を抜きにして「平等原則」を不用意に持ち出すのは問題である。さらに、若し政教分離よりも平等原則を優先すべきであるとした場合、愛媛県としては、前述のように、戦没者の慰霊、遺族の慰藉のために、全国戦没者追悼式、千鳥ヶ淵戦没者墓苑での慰霊祭、および沖縄の戦没者慰霊塔にも、同じように公金を支出しているのであるから、同じ目的でありながら、靖国神社に対してのみ公金支出を禁止するのは、それこそ宗教を理由とする差別に当らないであろうか。

その他、判決は玉串料等の支出の「継続性」ということを重視し、それによって、県と靖国神社との結びつきが無視できないものになる「可能性」があることを理由に、玉串料等の支出が「精神的援助」にあたるとしている。しかしながら、玉串料等はすでに二十数年間にわたって支出されてきたにもかかわらず、判決が指摘するような事実（靖国神社の祭神に対しては、「畏敬崇拝の念を持つのが当然である、との考えを生じさせ」たり、さらには「靖国神社の祭神に対する信仰を強要し、信教の自由を踏みにじる」といった事実）はいささかも生じていない。少くとも、被告側準備書面が指摘するように、そのような事実の具体的認定はなく、単なる「印象」「おそれ」「可能性」といった「空想的説示」[31]にとどまっているといわざるをえない。それどころか、逆に、原告ら一部反対者たちの反対のために、これまで二十数年間にわたって何ら問題もなく、当然のこととして継続されてきた公金の支出が取り止めさせられ、多数国民や遺族らの戦没者を想う心情が踏みにじられた、というのが現実である。

それゆえ、このような「精神的援助」の「可能性」といったような曖昧な理由をもとに、宗教に対する援助、助長、促進の「効果」を認定するのは、明らかに最高裁判決の立場に逆行するものといわなければならない。

(1)　このような靖国神社観に対しては、近時、有力な批判がある。例えば阪本教授は、靖国神社が「国家神道の重要な一支柱」として成立したとする論に対し、「政府がもし東京招魂社を『国家神道の重要な一支柱』として利用しようと考えていたのであるならば、当然政府（太政官）自らがそのように首導したはずである」にもかかわらず「事実はそうでなかった」ことを指摘し、このような論は「その論が問題としている時点では歴史的に成立しえない」としておられる（阪本是丸「明治国家と招魂社体制」『神道学』第一二二号（昭和五九年）一頁、二七頁）。

(2)　「閣僚の靖国神社参拝問題に関する懇談会報告書」（昭和六〇年八月九日）は次のようにいう。「国民や遺族の多くは、戦後四〇年に当る今日まで、靖国神社を、その沿革や規模から見て、依然として我が国における戦没者追悼の中心施設であるとして〔いる〕。」『ジュリスト』八四八号（一九八五年）、一一一頁参照。

(3)　例えば、東大寺大仏殿の昭和大修理のために、総工費約五〇億円中、国から三〇億二千四百万円、奈良県や奈良市などから一億二百万円の補助金が支出されたが、その落慶法要の際（昭和五五年一〇月一五日）

には内閣総理大臣の代理として官房副長官が参列し、総理大臣慶賀文を奏上している（朝日新聞、昭和五五・一〇・一五夕刊。なお読売新聞、同日夕刊では若干数字の異同がある。また「慶賀文」についても「慶讃文」との情報もある）。このような場合、判決の論理からすれば、公金の支出は「文化財への支出という面のほかに、一宗教団体である東大寺の本尊そのものに対する信仰の表明という一面がどうしても含まれてこざるを得ない」から違憲である、ということになろうか。

（4）第九十六回国会参議院内閣委員会会議録第四号、昭和五七年三月三一日、一一頁。
（5）被告側控訴審準備書面（平成元年八月）五一頁〜五二頁。
（6）第七十五回国会参議院予算委員会会議録第二号、昭和五〇年三月五日、二六頁。
（7）第九十六回国会参議院内閣委員会会議録第四号、昭和五七年三月三一日、一〇頁。
（8）このことは各種世論調査が示すところである。例えば、社団法人日本宗教放送協会の調査（昭和五〇年五月）によれば、「国のために戦争などでなくなった方々は、靖国神社にまつられていますが、あなたはこのことをどう思いますか」との質問に対し、八二パーセントの者が「靖国神社にまつってよい」と答え、「抵抗を感じる」と答えている者はわずか六パーセントにすぎない（国立国会図書館調査立法考査局『靖国神社問題資料集』（昭和五一年）、三〇四頁）。また、読売新聞の世論調査（昭和五六・五・二）によれば、靖国神社の国家護持に賛成する者六三・一パーセント、反対のもの二三・七パーセントである。単なる公式参拝や玉串料の支出にとどまらず、「国家護持」でさえ国民の六割以上が支持しているというのが、国民意識の実体である。

ちなみに、昭和六〇年八月一五日に行われた首相の靖国神社公式参拝についても、マスコミの論調とは裏腹に、国民の多数はこれを支持している。例えば、同年八月に政府が実施した未発表の世論調査によれば、国民の七二パーセントが公式参拝に賛成し、反対は一七パーセントにとどまる（神社新報昭和六〇・一〇・

二一）。又、同年一〇月に発表されたNHKの世論調査でも、賛成が六一パーセント、反対が二八パーセントとなっている（政教関係を正す会『こんなことまで違憲？』（昭和六三年）四七頁参照）。

(9)　とはいうものの、勿論、当事者の意図としては特定宗教に対する援助ではないと考えて行われた場合でも、客観的にみればそれが特定宗教への援助に当るといった事態も考えられないわけではない。そこで裁判所としては、次のように判断すべきであろう。すなわち、先ず第一に、当事者の意図（判決のいう「主観的意図」）を明らかにした上で、それ（意図する内容および当事者がそのように考えるに至った理由等）に果して合理性があるかどうかを判断し、その上で、第二に、その行為に対する社会的評価（一般人の評価）を明らかにする、というわけである。又、このような方法は、国家行為の合法性、妥当性を判断する際に、一般に用いられているではないかと思う。ところが判決は、当事者の意図を主観的なものとして、簡単に退けてしまったばかりでなく、一般人の社会的評価についても完全に無視し、原告ら一部反対者と裁判官のそれこそ主観的な評価をもって「(客観的)目的」であると断定している。これは明らかに妥当性を欠くものといえよう。この点、奥平教授は、「松山地裁は、『国及びその機関』の側に『世俗的目的』がうかがわれるという一事によって、目的テストを終了させてしまわず、神社の側の生き残り目的の存在をも鋭くえぐり出している。神社神道の儀式祭祀とのかかわりを問題素材としつつ、レモン・テストを適用しようとするならば、松山地裁の手法のみが正当だと思う」（奥平康弘「日本の神々と日本の憲法―愛媛県靖国神社玉ぐし料支出事件に関連して」『法律時報』六一巻八号、九八～九九頁）とこれを積極的に評価しておられるが、疑問である。

(10)　拙稿「憲法と大嘗祭」阿部照哉教授還暦記念・佐藤幸治・初宿正典編『人権の現代的諸相』（平成二年）一八二～一八三頁。この点、小林節教授も、「日本の最高裁判例のいわゆる『目的・効果』基準は、まず、政治と宗教が接触した際の目的に宗教性があってはならない。加えて、その効果において、簡単に言えば、宗派差別があってはならないとし、その両方がそろっている場合には、憲法違反とします」（傍点引用者）と述べておられる（「世界日報」平成元・一二・一六）。また、阪本昌成教授も同様に解しておられるようである（佐藤幸治編著『憲法II　基本的人権』（一九八八年）一五四頁）。

(11)　芦部信喜「国家の宗教的中立性」『法学教室』一九八七年一〇月号、一五頁。

(12)　平野武「政教分離―目的・効果論の射程　政教分離原則の厳格な適用のために」『法学セミナー』一九八六年六月号一八頁。

(13)　奥平康弘・前掲論文九九頁。

(14)　Ball, 473 U.S. at 390, 392.

(15)　例えば、遺族が靖国神社を参拝する折に、県の職員が世話をするといった例は考えられても、それは戦跡巡拝等の際の世話と同様、遺族に対する福祉事業の一つにとどまり、県と靖国神社との結びつきということとは別である。

(16)　この点、小林直樹教授は「玉串料支出の『象徴的な役割』という言葉は、新しい表現であるが、事態の本質をよく捉えて、〃儀礼〃論で問題をすり抜けようとする俗説的論法を打破したものといえよう。」と述べておられるが（同「愛媛県玉串料訴訟一審判決評釈」『ジュリスト』一九八九年七月十五日号、六七頁）、本文に述べたような理由から疑問である。

(17)　奥平教授も、「わが最高裁は、『国及びその機関』の宗教とのかかわりが『他の宗教に圧迫、干渉を加える』態の強い効果・悪影響の有無を問題にしようとする。」（傍点引用者）と述べて、最高裁のいう効果がポテンシャルなものまで含まず、もっと現実的な効果であると理解されているようである。ただし、教授は、そのような最高裁の立場に対しては批判的である（同・前掲論文九九頁）。

(18)　Ball, 473 U.S. at 381.

(19) 熊本信夫『アメリカにおける政教分離の原則』（一九七二年）。
(20) 同右・三三三頁。
(21) Engel v. Vitale, 370 U.S. 421 (1962).
(22) Id.
(23) Ball, 473 U.S. at 387.
(24) けだし、「精神的援助」という以上、行為者の意図ないし動機がきわめて重要な意味をもつことは当然であろう。
(25) 靖国神社に対する公金の支出の場合、「おおむね事前に」、東京事務所の職員が支出する金品を「通常の封筒に入れて」靖国神社の社務所に持参するだけであり、「祭祀に県の職員が参列することはなかった。」（判決、傍点引用者）したがってこのようなきわめて事務的な支出形態からみても、儀礼的支出以上に、「信仰の表明」や「精神的支援」といった意図まで読みとるのは困難ではなかろうかと思われる。
(26) 例えば、アメリカの例については佐伯真光「キリスト者は『靖国』を語れるのか」江藤淳・小堀桂一郎『靖国論集－日本の鎮魂の伝統のために－』（昭和六一年）一五九頁以下参照。
(27) 私立大学への補助金の交付は、もちろん私学振興財団からの支出という形をとっているが、実態は国からの支出である。そして、昭和六三年度のケースでは、「経常費補助金」として、国学院大学には約七億二千万円、皇学館大学には約二億六千万円が支出されている。さらに真宗系大学として、竜谷大学には約八億一千万円、大谷大学には約二億四千万円が、又、キリスト教系大学では、上智大学に約二七億二千万円、同志社大学に約一七億六千万円、国際基督教大学には約八億五千万円という莫大な補助金が支出され、その使途についても細かなチェックは行われていないという。なお、宗教系私立学校助成の問題については、中村睦男「私学助成の合憲性」芦部信喜先生還暦記念論文集『憲法訴訟と人権の理論』（昭和六〇年）四二三頁以下および大石眞「宗教と財政をめぐる憲法問題」『公法研究』第五二号（一九九〇年）一〇九頁等を参照。

(28) 葦津珍彦『国家神道とは何だったのか』（特に第一部、三、「仏教、特に真宗と明治政権」等）（昭和六二年）、阪本是丸「第三部、近代の皇室祭儀と国家神道」（特に「第三章㈡真宗教団と国家神道」等）大原康男・百地章・阪本是丸『国家と宗教の間－政教分離の思想と現実』（平成元年）二〇七頁以下参照。

(29) 宮沢俊義・芦部信喜『全訂日本国憲法』（一九七八年）七四九頁。

(30) この点、アメリカにおいては、「大半の州憲法では、宗派の経営する学校または宗教教育を行う学校へ公金から援助をしてはならないこと」を規定しており（T・I・エスマン・木下毅『現代アメリカ憲法』（一九七八年）二〇四頁、「神学の学位を出す大学であれば、補助は許されないことはもちろん、それ以外の私立学校においても、神学の受講者数を除いた学生数に応じた補助に限られている」（佐藤幸治編著・前掲書一五八頁（阪本教授執筆））とのことである。アメリカの政教分離を厳格分離と見、それにならってわが国でも厳格分離をと主張する人々が、こと宗教系私立学校への財政援助となると、いとも安易に厳格分離を放棄してしまうのは不可解というほかない。本判決の立場もまさにその典型といえよう。

ちなみに、厳格分離は、しばしば神道指令の立場に立って憲法の政教分離を厳格に解釈すべし、とも主張する。しかし、もしそうした場合、神道指令の公的解説書によれば、「宗教々師の養成を目的とする私立学校に対し、公の財源から支援することは差し支えないか」との問いに対し「許されない」との解答がなされているから、現在の宗教系私立学校への財政援助は明らかに違憲ということになるが、この点についてはいかに解すれば良いであろうか（文部省官房宗務課監修『神道指令の解説』（昭和二四年）、田丸徳善編『〈シンポジウム〉現代天皇と神道』（一九九〇年）、二七五頁参照）。

(31) 前掲・被告側控訴審準備書面四三頁。

あった。

3　アメリカの判例との比較をめぐる問題

(1)　ボール事件について

①　ところで、問題の「象徴的結合」の理論が用いられたボール事件とは、次のようなものであった。

アメリカ、ミシガン州のグランド・ラピッズ学校区では、一九七六―七七学年から学校区内の私立小中学校四一校（そのうち四〇校は宗教学校）において、公費を用いて「共同講義プログラム（The Shared Time Program）」と「地域教育プログラム（The Community Education Program）」を実施していた。このうち「共同講義プログラム」は普通科目（数学、国語、美術、音楽、体育等の世俗的科目）について補習授業を行い、そのため公立学校の教師を私立学校（宗教学校）に派遣、公立学校教師は公費で借りた宗教学校の教室で、公費で賄われた教材を用いて、正規の授業時間内に補習授業を実施するというものであった。ちなみに、派遣される公立学校の教師の約十パーセントは元私立学校教師であり、しかも、そのほとんどは自分が以前勤務していた宗教学校で教えていた。又、宗教学校の全授業時間の約十パーセントがこのプログラムに割り当てられていた。(1)

他方、「地域教育プログラム」は同じく私立学校（宗教学校）において、公費を用い、子供と大人を対象として普通科目の授業（例えば、美術、工芸、家庭、スペイン語、体操、その他演劇、チェスなども）を行うというものであった。ただこのプログラムは、共同講義プログラムと違い、正規の授業時間の終了後、つまり、放課後実施されていた。また、このプログラムでは、授業は宗教学校の教師が非常勤の公立学校教師として教え、この授業に参加する生徒も、実際には宗教学校の生徒だけであった。つまり、宗教学校の教師が、その勤務する学校の同じ校舎において、同じ生徒を対象に、非常勤の公立学校教師として補習授業を担当していたわけである。

さらに、両プログラムは宗教学校の希望に合わせて時間を調整しており、これらの授業のために使用される教室からは、十字架や宗教的シンボルは取り除かれ、授業中には「公立学校の教室」である旨の掲示はなされていたが、しかし、教室に隣接する玄関や廊下には宗教的シンボルが設置されたままであった。ちなみに、これらの宗教学校は特定宗教の伝道を目的とするものであり、校内には宗教性が漲っていた。

一審の連邦地裁では、両プログラムの目的は世俗的なものであるが、同プログラムは宗派的施設に対して経済的にも、それ以外の点でも直接の利益を与えるという明白に許されない効果を有すること、さらに同プログラムは政治的にも行政的にも容認できない過度のかかわりを伴う、として違憲判決を下した。そして、二審の連邦高裁もこれを支持した。(2)

連邦最高裁は、一九八五年七月一日、「共同講義プログラム」を五対四「地域教育プログラム」を七対二で違憲とし、ブレナン裁判官が法廷意見を書いた。

それによれば、問題のプログラムの「目的」は明らかに非宗教的なものである。次に同プログラムの「主要な効果」が宗教を助長したり、禁圧したりしないかという点であるが、まず第一にプログラムが実施される施設の性質を考えた場合、四一校の私立学校のうち四〇校が宗教学校であり、これらの学校の実質的部分は宗教の伝道にあるといえる。しかも、宗教学校の目的は世俗教育と宗教教育を統合して行うことにあるから、両教育は解きがたくからみ合っているということができる。第二に、問題の宗教学校で行われているプログラムであるが、これらは以下の三つの点で許容できないほど宗教を促進する（advance）ものである。すなわち、㈠そのプログラムに参加している教師は、意図的にあるいは無意識的に、特定の宗教の教義あるいは信条を教え込むかもしれない。㈡そのプログラムは政府と宗教との間に重大な象徴的結びつき（symbolic link）を作り出すかも知れない。そしてそれによって、同プログラムは——少くとも影響を受けやすい若者の目から見れば——、その学校を運営している宗派に対して、政府が支援、協力を与えるものと見えよう。㈢そのプログラムは、それらの学校の中心目的である宗教の伝道に、憲法上許されていない援助を与えることによって、宗教を直接助長する（prompt）効果をもつかも知れない。(3)

第三に、ミーク事件(4)で問題となったプログラムは、私立学校に対する教材等の貸与、私立学校内での公立学校教師による矯正、カウンセリング、診断等の教育サービスの提供であったが、これらは、若し十分な監督を受けないとなれば、州によって支援された布教という余りに大きな危険を伴う。本件で問題となっているプログラムも、ミーク事件と同じ欠点を有する。まず「地域教育プログラム」の場合、教師は同じ私立学校の教師であり、この教師たちは生徒に特定の信仰の教義を教え込むことを期待されている。ところがこのプログラムは、これらの教師たちが学校が終わるや否や、宗教的確信をよそに置き、完全に世俗的地域教育に従事することを求めている。加えて、その教師たちは同じ宗教学校のクラスにおいて、同じ宗教学校の生徒の前でそのようにすることが期待されているが、しかし、監督は行われていないのである。我々は担当教師がその世俗的使命を良心的に遂行するよう誠実に努力することを疑わないが、それにもかかわらず、公然とあるいは秘かに、宗教的メッセージが世俗のクラスに注がれるであろうという実質的危険（substantial risk）が存在する。この危険は、宗教性の漲る宗教学校という環境の圧力が、担当教師の言動をして正常なコースから逸脱させることによるものである。

次に「共同講義プログラム」の場合であるが、同プログラムも政府に支援されて布教を行う実質的危険がある。というのは、教師のうちの少なからざる部分は以前、宗教学校に勤務していたからであるが、それにもかかわらず、監視は行われていない。また、担当教師は、教育が宗派的伝道のため不可欠となっており、信仰の深化のための宗教的雰囲気が常に維持されている学校で重要な教育サービスを遂行するわけであるから、このような雰囲気のもとでは、教師は秘かに（又は公然と）その授業を、彼らが教えている環境に合わせてしまうかも知れない。他方、生徒たちも、その授業が、その学校の支配的な宗教的メッセージの流れの中で準備されたものと受け取るであろう。それゆえ、このような環境の中で実施されるプログラムは、宗教教育の目的のために用いられる実質的危険がある。(5)

第四に、効果テストの重大な関心は、問題の政府の行為によってもたらされた教会と国家の象徴的結合（symbolic union）が、当該宗派の信者たちによって、彼らの個人的な宗教を保障するものと受け取られるほど十分なものであるかどうか、又、非信者たちによって、彼らの宗教を否認するものと受け取られるほど十分なものかどうか、ということである。そこで、問題となっている本件のプログラムについてみると、宗教学校の生徒は、学校での一日を宗教学校と「公立学校」の両クラスの間を移動しつつ過すことになる。又、両クラスは同じ宗教学校の建物の中に設置されており、両クラスとも同じ宗派の信者である生徒によって構成されている。したがって、このような環境の下では、もし「公立学校」のクラスが宗教の伝道を首尾良く避けることができたとしても、生徒たちは宗教学校と公立学校のクラスの決定的な違いを識別できないであろう。このような効果——一宗派の事業における政府と宗教の象徴的結合——は、国教樹立禁止条項のもとで許すことのできない効果である。[6]

第五に、本件プログラムに対する援助は、教育資材だけでなく、宗教学校の建物内での教師による教育サービスの供給をも含むものであるから、前述のミーク事件やウォルマン事件[7]以上に、宗教事業の直接かつ実質的な援助を供給するという主要な効果を必然的にもつことになる。[8]

従って、問題のプログラムについては、三つの点において宗教を援助する効果があると結論づけることができる。すなわち、(一)州に雇われた教師が、教鞭をとる宗教学校の圧倒的に宗派的な性格によって影響を受け、秘かに、あるいは公然と、特定の教義を公費でもって生徒に教え込むかもしれない。(二)宗教学校の建物の中で行われる、州によって提供された世俗教育の規定に内在する教会と国家の象徴的結合が、生徒および一般公衆に対して、州が宗教を支持するというメッセージを伝える危険がある。(三)当該プログラムは、世俗科目を教えるという教区学校の責任の実質的な部分を（州が）肩代りすることによって、教区学校の宗教活動に事実上援助を与えることになる、と。[9]

この法廷意見に対しては、両プログラムのうち、「共同講義プログラム」のみは合憲とするバーガー長官およびオコナー裁判官の一部反対意見、両プログラムとも合憲とするホワイト、レンキスト両裁判官の反対意見が付せられている。

② 右判決についての本格的評価はさておくとして、ここでは「象徴的結合」の理論をめぐる

問題を中心に、若干の感想を述べることにしよう。

さて、判決は、すでに見たように、ミーク事件判決に依拠している。そして、ミーク事件判決は私立学校（宗教学校）への教材等の貸与や私立学校（宗教学校）内での公立学校教師による矯正、カウンセリング、診断等のサービスでさえ違憲とするものであったから、判決は、まして本件のように、私立学校（宗教学校）内での補習授業ということになれば、ミーク事件以上に違憲性が強いものとした。そしてその理由として、判決は、㈠担当教師が圧倒的な宗教的雰囲気の中で、宗教の伝道を行う可能性（実質的危険）があること、㈡政府と宗教の象徴的結合は、特に影響を受けやすい生徒たちに対して、国が宗教を支援しているとのメッセージを伝える危険があること、㈢宗教学校は宗教の伝道を目的としており、世俗教育と宗教教育は一体的なものとなっているのであるから、世俗科目の補習授業であっても宗教学校に対する実質的援助となること、をあげている。

しかしながら、まず、第一に疑問となるのは、国家と宗教の「象徴的結合」という場合、その意味内容が不明確で客観性を欠くのではないかということである。実はこの象徴的結合の理論は、「学校助成の事案には、これまで適用されたことのない理論であった。[10]」が、それにもかかわらず、判決では、それが具体的に何を意味するのか甚だ曖昧で、明確な定義はなされていない。そのためレンキスト裁判官の反対意見もいうように、宗教学校で数学やスペイン語や体育を教えることが、なぜ、市がキリスト降誕図を所有すること（リンチ事件[11]）や、立法府がチャプレン（専属牧師）を雇い、そのチャプレンが開会に当って祈禱を捧げること（マーシュ事件[12]）以上に「象徴的結びつき」を作り出すことになるのかわからない[13]、ということにもなる。というのは、もし国家と宗教の「象徴的結合」ということをいうのであれば、同一宗派のチャプレンが十数年以上にわたって議会で祈禱を行い、そのために公費を支出することの方が、よほど国家と特定宗教の「象徴的結合」の度合いが強いといわなければならないはずだからである。あるいは、チャプレンの場合には、もはや「象徴的結合」どころではなく、「実質的、具体的結合」とみるべきかもしれない。しかし、もしそうであれば、それこそ「象徴的結合」でさえ許されないというのに、それ以上の国家と特定宗教の「実質的、具体的結合」に当るチャプレンが、単なる「歴史的理由」ということだけでなぜ是認されてしまうのか、やはり不可解である。

それゆえ、象徴的結合の意味内容について明確な定義も説明もないまま、専ら裁判官の主観的判断だけで、この理論が適用されることになれば、裁判の客観性という点で重大な疑義が生ずることになる。

第二に、「象徴的結合」の理論については、右の問題と関連して、この理論が果してどこまで有効性をもつのか疑問である。というのは、連邦最高裁は同じ日に、ほぼ同じようなケースが問題となったアギュイラー事件[14]についても判決を下しているが、この判決では、「象徴的結合」の理論は採用されていないからである。

アギュイラー事件というのは、次のとおりである。ニューヨーク市は宗教学校に通う低所得家庭の、教育的に恵まれない生徒のために補習授業を行っていたが、その授業には公立学校の教師が派遣されていた。そしてこの補習授業は連邦法（初等中等教育法、一九六五年）の「第一章」のプログラムに基づくものであったから、連邦より公的な資金援助がなされていた。(15)

連邦地裁はこの「第一章プログラム」を合憲としたが、高裁は違憲とした。連邦最高裁はこの判決を支持し、一九八五年七月一日、五対四で違憲判決を下した。法廷意見はブレナン裁判官の筆になるものである。

判決によれば、「第一章プログラム」とボール事件のプログラムとの類似点は次のとおりである。すなわち、両プログラムとも、公的資金援助を受けた公立学校の教師が、私立学校（教会学校）において私立学校の生徒だけのクラスを教えていること、また、このプログラムに参加している圧倒的多数の私立学校は宗教学校であること、さらに、公的資金の援助は教師だけでなく、教材等にも及んでいることである。ただし、いくつかの相違点もあり、ニューヨーク市のプログラムでは、グランド・ラピッズのそれと違って、補習授業の内容について、宗教の伝道がなされないよう監視するための監督制度が採用されていた。(16)

判決は、この監督制度を問題とし、このような監督制度は教師が宗教を促進するという主要な効果を防止するかもしれないが、逆に、そのような制度は教会と国家の間に過度のかかわり（行政的なかかわり）をもたらすとして、これを違憲とした。[17]

確かに判決がいうように、州の視察官が定期的に宗教学校を訪問し、教室での授業を参観したりして監督するならば、教師が宗教を伝道するといった危険は防止されるかもしれないが、国家と宗教の間に過度のかかわりをもたらすことも事実である。それゆえ、判決はこの過度のかかわりという点だけで、同プログラムを違憲としたわけであった。しかし、ハーゲット教授も指摘するように、「宗教を助長する効果を認定するためにグランド・ラピッズ事件で示されたもう二つの理由（州による宗教の象徴的支援および教会の宗教活動の間接的援助）は、第一章事件では論じられていないので」あり、「これは奇妙なことのように思われる。[18]」なぜなら、アギュイラー事件の場合、「第一章プログラム」はボール事件の「共同講義プログラム」とほぼ内容は同じものであるから、ボール事件判決が指摘する三つの主要な効果のうち、第一の宗教を伝道する危険は回避されたとしても、第二の国家と宗教の象徴的結合による宗教の支援の危険、および第三の宗教学校に対する実質的援助の危険、は免れないはずだからである。にもかかわらず同判決がこの点に言及してないのは何故か。

もともとレモン・テストは三部分テスト（the three-part test）[19]とも呼ばれ、第一に目的が世俗的なものかどうか、第二に主要な効果が宗教を援助しないかどうか、そして第三に国家と宗教の間に過度のかかわりがないかどうかを審査するという形で行われている。とすれば、本件の場合、第一の目的テストはパスしたとしても、第二の効果テストにおいては、ボール事件と同様、少くとも国家と宗教の象徴的結合による宗教の支援、および宗教に対する実質的援助の可能性という点で問題になるわけであるから、それでもって違憲とすることもできたはずである。にもかかわらず、同じ日に下された判決がその点に何ら言及していないということは、「象徴的結合」の理論の有効性そのものに対して、疑問を抱かしめることになる。[21] また、効果テストにおいて、仮に三つの危険のうち、第一の宗教伝道の危険が存在しないことを以って、効果テストはパスしたということであれば、そもそも「象徴的結合」の理論は二義的な意味しかもたず、単独では効果テストの基準たりえないことにもなろう。

それゆえ、「象徴的結合」の理論に対しては、その有効性自体について疑問が残る。であればこそ、ハーゲット教授によれば、「これらの二つの最新判決〔ボール事件判決およびアギュイラー事件判決〕は、結局、この領域に関する法理の混迷の度を一層増してしまったといわざるをえない」ということになる。

第三に、それにもかかわらず「象徴的結合」の理論を敢えて採用する場合には、次の点に留意する必要があろう。すなわち、象徴的結合の理論が果して単独で効果テストの基準となりうるかどうかの疑問は別としても、少くともボール事件では、主要な効果としてあげられている危険は三点あり、国家と宗教の象徴的結合による宗教支援の危険は、あくまでその一つにすぎなかったということである。つまり、象徴的結合による危険だけでなく、宗教伝道の危険や宗教学校に対する実質的援助の危険が認定されたことによって、初めてボール事件のプログラムは違憲とされたわけであった。それ故、「象徴的結合」の理論だけでもって効果を判断するのは疑問である。その意味で、玉串料訴訟判決が、それ以外の実質的危険に言及しないまま、象徴的結合の理論だけでもって効果を認定した点については、問題があると思われる。又、「象徴的結合」ということは、とりわけ影響を受けやすい児童生徒達の目から見て問題とされたわけであるが、本件玉串料訴訟の場合にはそのような点は特に問題とされておらず、この点でも疑問が残る。

そこでこのような疑問点については、更に項を改めて検討を加えることにしよう。

(2)——アメリカの判例の援用の仕方についての疑問

① ところで、原告側最終準備書面によれば、ボール事件およびアギュイラー事件の両事件において、アメリカ連邦最高裁は再び厳格分離の立場に回帰したという。[22] 確かに、両事件を契機として、アメリカの判例が厳格分離の方向へと逆戻りし始めたことは事実であろう。この点についてハーゲット教授は次のように説明している。アメリカでは、一九八〇年のリーガン事件[23]において、「宗派学校への公的助成に対し、より好意的な多数派が形成されたように思われた」し、一

九八三年のミューラー事件判決[24]が下されたときは、研究者の多くがそう考えた、と。[25]事実、同時期には、宗教学校への財政援助以外の分野でも、マーシュ事件（一九八三年）やリンチ事件（一九八四年）判決のように、協調分離の立場に立った判決が相次いで出されており、連邦最高裁における政教分離の緩和ということが観取されたとしても不思議ではなかろう。ところが「八五年七月に下された二つの判決は、宗派学校への政府援助に対する厳しい立場に振子が戻ったことを、少くとも表面的には、示唆している」[26]と同教授はいう。

他方、マコンネル教授も次のように指摘している。すなわち、一九八二、八三年開廷期において、裁判所の多数はレモン・テストがそのまま継続して権威を持ち続けることに対し疑いを投げかけた。そして、一九八四年開廷期には、裁判所の新しいアプローチを反映し、説明する理論の変化が予兆されるように思われた。ところが裁判所は、一九八五年の両事件において、結局、レモン・テストに復帰することになったのである、[27]と。従って、アメリカの判例が両事件をきっかけとして、再び厳格分離に立ち戻ったことは間違いない。

ただ、この点について、マコンネル教授は、穏健な分離主義者ともいわれるパウェル裁判官[28]が、一九八二、八三年開廷期には穏やかな分離の立場に立って多数派を形成していたにもかかわらず、一九八四年開廷期になって多数派から離脱したことをその原因としてあげている。[29]つまり、厳格分離への回帰といっても、実体は一裁判官の立場の変更にすぎないというわけである。

このようなリアルな見方をする者は他にも少なくなく、例えばジョウンズ氏は、連邦最高裁が示してきたテストは判決のためには役立たないこと、そしてその代りに決定的な役割を果しているのは個々の裁判官の立場――つまり、便益供与派（accommodationist）か分離派（separationist）かということであると述べている。[30]

それはともかくとして、厳格分離への回帰が事実であるとしても、アメリカの判例にはもともと厳格分離と協調分離という二つの大きな流れがあると考えられるから、厳格分離への回帰といっても、結局はその一つの流れが表面化したにすぎないともいえよう。つまり、国教樹立禁止条項そのものが「分離」と「協調（accommodation）」という互いに衝突する二つの原理を含んでいるために、政教分離をめぐる判決は、これまで二つの原理の間でバランスを取りつつ決定されてきたともいわれるのであるから、[31]一九八五年判決もそのような大きな流れの中で位置づけるべきである、と考えられる。しかも、厳格分離の流れが表面化した原因は一裁判官の動向によるものと考えられること、又、両判決はもともと、どちらかといえば厳格分離が行われてきた教育分野のものでもあるから、それほど驚くには当たらない。さらに、別稿[32]でも指摘しているように、判例には表われないものも含め、アメリカの国家生活全体を考えるならば、とてもアメリカが厳格分離国であるなどとはいえないであろう。それゆえ、両事件によって、アメリカの政教分離そのものが厳格分離になったというわけでは決してない。

それと共に、アメリカで厳格分離に立った判決が現われたからといって、我が国の裁判所が合理的理由もなく直ちにそれに追従するというのも奇妙なことであり、この点においても原告側の主張には疑義がある。なぜなら、日本とアメリカとでは宗教事情も違い、政教分離の背景となる社会的、文化的諸条件も大きく異なるからであり、アメリカの判例の動向によって、我が国の判例が理由もなく影響されるいわれは少しもない。

② それゆえ、若しアメリカの判例を援用する場合は、それだけの合理的根拠が必要であり、参考とするに相応しい事例かどうかが吟味されなければならないであろう。そしてその際には、援用される判例がいかなる類型に属するものであり、又、いかなる事案か、その内容を十分考慮すべきであると思われる。というのは、アメリカの、少くとも政教分離をめぐる判例は、事案によって判決が微妙に異なることが多く、その意味で結論を決定するのは具体的事実であるといわれるからである。しかもその際、連邦最高裁には便益供与派と分離派の対立があり、中間派の動向次第で判例も変更されてしまう可能性が高いことから、事案の微妙な違いが中間派に与える影響はやはり無視できないからでもある(33)。

事実、例えば同じ「経済的援助」のケースであり、内容的にもかなり類似しているボール事件とアギュイラー事件でさえ、理由づけは大きく異なる。また、共に違憲とはされたものの、前者は七対二、後者は五対四というように、裁判官の判断は分かれているし、同じボール事件でも、っている。
「共同講義プログラム」では五対四、「地域教育プログラム」では七対二という風に微妙に異なっている。

となれば、事案そのものが類型的に全く異なる場合には、結論そのものも大きく異なるであろうことが十分予想される。なぜなら、分離の限界はもともと曖昧であり、レモン事件判決もいうように、国家と宗教を分離する境界線は「『壁』などというにはほど遠く、ぼんやりとして不明瞭で、特定の関係の一切の状況次第で変化しうる障壁」[34]にすぎないと考えられるからである。それゆえ、いかなる判例を援用するかはきわめて重要であり、少くとも政教分離問題に関しては、可能な限り類似ないし近接した領域の判例を参考にすべきではないかと思われる。

③　そこで考えるに、本件玉串料訴訟判決は、明言をしてはいないものの、とりわけボール事件判決における「象徴的結合」の理論を参考にしたと解されるが、まず第一に、数あるアメリカの判例の中で、ボール事件を参考にしたことそのことの当否が問題とされなければならないであろう。そして第二に、仮にボール事件の「象徴的結合」の理論を参考にし、これを適用したことが妥当であったとしても、果して玉串料訴訟判決の結論が妥当であったかどうかが問われなければなるまい。

まず第一の、本件玉串料訴訟判決がボール事件を援用したことの当否であるが、この点については以下のような問題が含まれると思われる。すなわち、ボール事件はあくまで宗教学校に対する「財政援助」をめぐる事案であること、それに対して玉串料訴訟は「財政援助」でも何でもない、単なる公金の儀礼的支出をめぐる問題であるということである。つまり、判決の述べるところによれば「精神的援助」の事案であって、これが「経済的援助」に当たらないことは判決自身も認めている。それゆえ、両事件は明らかに異質のケースであるといわなければならない。

すなわち、ボール事件の場合には、「共同講義プログラム」の例を見ただけでも、公立学校の教師を宗教学校に派遣するその人件費は相当多額にのぼると思われる。というのは、宗教学校の全授業の一割がこのプログラムに当てられているほどだからである。その他にも教材費や教室のリース料がある。このうちリース料は一教室につき、一週間あたり六ドル[35]というから、一ヶ月でも二四ドルにすぎず、それほど大した額とはいえない。しかし、それでも、年間では三百ドル近くなるのは事実である。従って、人件費を中心とする財政援助の総額は相当なものであるから、判決がこのような援助は「宗教的事業を直接かつ実質的に促進するもの[36]」であるとして、世俗的目的であっても許されないとしたのは、それなりに理由があるといえよう。

これに対して玉串料訴訟のケースでは、公金の支出は一回につき五千円ないし一万円程度という儀礼的なものであり、年間を通しても僅か三万七千円にすぎない。つまり、ボール事件でいえば、一教室の年間リース料にも及ばないわけである。それ故、明らかに「財政援助」などとはいえないから、「宗教的事業を直接かつ実質的に促進する」といった効果はもたない。従って、玉串料訴訟について考える際には、全く異質なケースであるボール事件判決を参考にするのは問題があるのではなかろうか。

それでは、仮に、もしアメリカのケースを参考にするとした場合、どのようなケースが考えられるであろうか。この点、残念乍ら、アメリカには玉串料訴訟事件に相当するような事件は見当らない。また、そもそも戦没者に対する儀礼的な公金支出が違憲として争われるなどということは、アメリカではもちろん、諸外国ではまず考えられないことである。しかし、それでもアメリカの例を参考にするというのであれば、判例ではないが、ユダヤ・キリスト教式の戦没者追悼式において、大統領が献花（もちろん公金によるものである）をする例などが参考になろう。佐伯教授によれば、国立アーリントン墓地の定例の戦没者追悼式は、円形野外チャペルで一年に三回行われる。それらはいずれも国家祭日と定められており、主催者は追悼の日の式典を実施するために法律により設立されたG. A. R. (Grand Army of the Republic) という復員、在郷軍人会である。式典は黙禱に始まり、続いて大統領の花環奉献、さらに国旗掲揚、国歌演奏、国旗への忠誠の誓いと続く。その後、従軍牧師（チャプレン）による祈禱、会長挨拶、讃美歌の合唱等があり、再び従軍牧師による祈禱があって、国旗降納により式典は終了する。[37] 玉串料の支出は、まさにこの献花に近いものと考えることができよう。しかしながら、献花のための公金支出の合憲性が問題になったなどということは、寡聞にして知らない。

又、敢えて判例を援用するというのであれば、少くとも「財政援助」のケース以外のもの、例えばマーシュ事件やリンチ事件などこそ、まだしも参考に値するのではないかと思われる。

第二に、仮に本件玉串料訴訟判決がボール事件を援用したこと自体は問題がないとしても、その適用の仕方および結論は果して妥当であろうか。

この点、玉串料訴訟判決のポイントは「象徴的結合」の理論であった。ただ、その適用の仕方は論理的厳密さを欠き、玉串料をもって県と靖国神社の「結合の象徴」とするなど実に不可解なものであったが、そのことはすでに指摘したとおりである。それはともかくとして、ボール事件の場合には、「象徴的結合」の意味そのものは曖昧であるとしても、玉串料訴訟のケースと比較するならば、比べものにならないほど、州と宗教学校との間に緊密な結びつき（協力関係）があり、「象徴的結合」といわれるだけの実体はそれなりに存在した。

ところが玉串料訴訟の場合には、県は単に僅かな公金を支出しただけであり、靖国神社のケースでは、慰霊祭（例大祭、みたままつり）には参列さえしていない。それゆえ、既述のとおり、「経済的援助」はおろか、「精神的援助」とさえいえないのではないかとも思われるが、ことほど左様に、県と靖国神社との間には結びつきの実体など存在しなかったわけである。

それゆえ、ボール事件のケースでは、あれだけの経済的援助や、州と宗教学校との間の緊密な結びつきが存在したにもかかわらず、「実質的結合」ならぬ、「象徴的結合」が指摘されただけなのであるから、玉串料訴訟のケースなど、とても「象徴的結合」などとさえ呼べないのではないか。従って、仮に「象徴的結合」の理論を援用したとしても、玉串料等の支出をもって県と靖国神社の間に「象徴的結合」が存在するなどということはとてもできないと思われる。

それと共に、「象徴的結合」の理論を援用するに当たっては、この理論だけでは効果テストを十分満足させることはできない点に留意すべきであろう。すなわち、前にも触れたとおり、「象徴的結合」の理論が果して単独で効果テストの基準となりうるかどうかの疑問は別としても、少くともボール事件では主要な効果としてあげられていた危険は三点あり、国家と宗教の象徴的結合による宗教支援の危険は、あくまでそのうちの一つにすぎなかった。つまり「象徴的結合」の危険以外に、「宗教伝道の危険」と「宗教的活動を実質的に援助する危険」が指摘されており、そのうち、特に「宗教伝道の危険」については「実質的危険」に当ると認定されていた。

確かに、この点、芦部教授が述べておられるように、これらの危険は必ずしも現実の危険ではなく、「可能性のある危険」[38]にとどまるかもしれない。また、オコナー裁判官の一部反対意見によれば、少くとも「共同講義プログラム」においては、これまで教師が生徒たちを改宗させようと試みた事実はなかった。[39]しかしながら、過去に布教の事実がなかったとしても、宗教的雰囲気の漲る宗教学校での講義という条件、さらには「地域教育プログラム」の場合には、宗教学校の教師が、同じ宗教学校の生徒に対して教えるなど諸々の難しい条件がある。したがってそれらを勘案するならば、宗教伝道の危険というのは、可能性としてもかなり高いとみることができよう。又、多額の財政援助が、宗教教育と世俗教育を一体のものとして行っている宗教学校に対する、直接かつ実質的な援助となる可能性も大きいといわなければならない。

それゆえ、ボール事件では、単に州と宗教学校の「象徴的結合」の危険だけでなく、宗教伝道の実質的危険や宗教的活動を実質的に援助する危険といった諸々の危険が存在し、しかも、それらの危険の可能性が高いことをもって宗教に対する援助に当ると認定したわけであった。

これに対して、本件玉串料訴訟の場合には、すでに検討を加えたように、単に玉串料等の支出が県と靖国神社の「結合の象徴」に当るというのみで、それ以外には実質的危険や可能性の高い危険について、ボール事件判決のように明確な指摘はない。わずかに判決の指摘する危険の可能性は、玉串料等の支出が県と靖国神社の間に「特別の結びつき」を生じさせること、それによって靖国神社は特別のものであるとの「印象」を生じさせる「おそれ」があること、さらにそれは靖国神社の祭神に対する信仰を「強要」し、他宗教を信仰する者の「信仰の自由を踏みにじる結果を招きかねない」ことぐらいのものである。

しかし、「特別の結びつき」といっても、ありていにいえば単に玉串料等を支出しているというだけのことであり、又、県が靖国神社の祭神に対する信仰を強制する恐れがあるなどというに到っては、あまりにも非現実的であるというほかはない。むしろ、実際には、原告ら一部反対派の偏狭な信仰ないし信念によって、県は玉串料等の支出を取り止め、その結果、多数国民および遺族らの素朴な願いまで踏みにじられたというのが現実である。つまり、判決の指摘する危険の可能性というのは、㈠靖国神社は特別のものであるとの印象を生じさせる可能性があり、㈡その結果、靖国神社の祭神を信仰するのは当然との考え方を固定させる可能性があり、㈢そしてもしこのような考え方が定着するならば、靖国神社の祭神を信じない者に対し信仰を強制しかねないというように、二重、三重の仮定の上に成り立ったものであり、その結果、このように非現実的な結論が導き出されたものといえよう。したがって、右の説明からも、本件玉串料訴訟の場合には、現実的危険はおろか、ボール事件ほどの危険の可能性さえ存しなかったことが明らかとなろう。

ちなみに、シェンプ事件判決の同意意見の中で、ゴールドバーク裁判官は、「重大な結果が小さな端緒から生じうることは、もちろん事実であるが、しかし、憲法裁判においては、その尺度となるものは、現実の脅威とその影にすぎないものとを識別する能力と志向である」[40]（傍点引用者）と述べているが、まさに至言といえよう。

それ故、仮にボール事件判決を援用するとしても、単に「象徴的結合」の理論だけでもって玉串料等の支出を違憲と断ずるのは、性急にすぎると思われる。[41]

（1）Grand Rapids School District v. Ball, 473 U.S. 373 (1985).
（2）Id. at 376-378, 380-381.
（3）Id. at 383-385.
（4）Meek v. Pittenger, 421 U.S. 349 (1975).
（5）Ball, 473 U.S. at 386-388.
（6）Id. at 390-392.
（7）Wolman v. Walter, 433 U. S. 229 (1977).
（8）Ball, 473 U.S. at 395.
（9）Id. at 397.
（10）ジェームズ・E・ハーゲット、常本照樹訳「アメリカ憲法における宗派学校への公的助成問題について」『北大法学論集』第三七巻一号（昭和六一年）六五頁。
（11）Lynch v. Donelly, 465 U.S. 668 (1984).
（12）Marsh v. Chambers, 463 U.S. 783 (1983).
（13）Ball, 473 U.S. at 401.
（14）Aguilar v. Felton, 473 U.S. 402 (1985).
（15）Id. at 404-406.
（16）Id. at 409.
（17）Id. at 410.
（18）ハーゲット・前掲論文六七頁。
（19）Ball, 473 U.S. at 382.

(20)「過度のかかわり」については、相川忠夫「『過度の関わり合い』テストについて」『中央大学大学院研究年報』第一八号一－一（法学研究科篇）（一九八九年）七一頁以下、における分析が大変有益である。

(21) ハーゲット教授は次のように述べている。「最高裁によるアグィラ事件でのこれらの議論〔州による宗教の象徴的支援、および教会の宗教的活動の間接的援助についての議論〕の回避は、グランド・ラピッズ事件におけるそれらの議論の有効性への疑念を招くという皮肉な結果をもたらしたのである。」（同・前掲論文六七頁）。

(22) 原告側準備書面（第一四回）（昭和六三年一月二九日）、四二頁。

(23) Committee for Public Education v. Regan, 444 U.S. 646 (1980).

(24) Mueller v. Allen, 463 U.S. 388 (1983).

(25) ハーゲット・前掲論文六〇～六一頁。

(26) 同右、六二頁。

(27) Michael W. McConnell, Accommodation of Religion, SUP. CT. REV 1, 2-3. (1985).

(28) R・E・モーガンによれば、連邦最高裁裁判官は徹底した分離主義者、穏健な分離主義者および協働主義者の三つのグループに分けられ、パウエル裁判官は、穏健な分離主義者のグループに属するといわれる（瀧澤信彦『国家と宗教の分離』（一九八五年）五三四頁参照）。

(29) McConnell, supra note 27, at 3. 例えばリンチ事件では、バーガー長官が法廷意見を書き、これにホワイト、パウエル、レンキスト、オコナーの各裁判官が同調、これに対してブレナン、マーシャル、ブラックマン、スティーブンスの各裁判官が反対意見を書いている。ところがアギュイラー事件では、ブレナン裁判官が法廷意見を書き、マーシャル、ブラックマン、パウエル、スティーブンスの各裁判官がこれに同調、これに対してバーガー長官、ホワイト、レンキスト、オコナーの各裁判官が反対意見を書いている。

（30）Richard H. Jones, Accommodationist and Separationist Ideals in Supreme Court Establishment Clause Decisions, 28 J. Church & State 193, 193 (1986).
（31）The Supreme Court, 1982 Term − Leading Cases, 97 Harv. L. Rev. 70, 143 (1983).
（32）拙稿「愛媛県玉串料訴訟の問題点」、五三頁〔前掲『憲法と政教分離』二〇八頁以下〕。
（33）早川武夫『アメリカ憲法における政教分離原則に関する判例・学説の研究調査報告書』（昭和五九年）、一五頁。
（34）Lemon v. Kurzman, 403 U.S. 602 (1971).
（35）Ball, 473 U.S. at 377.
（36）Id. at 396.
（37）佐伯・前掲論文一六八〜一六九頁。
（38）芦部・前掲論文一四頁。
（39）Ball, 473 U.S. at 399.
（40）School District of Abington v. Schempp, 374 U.S. 203 (1963).
（41）なお、本稿発表（平成二年九月）後に出された判決で、本判決の立場をほぼ踏襲した岩手県靖国訴訟控訴審判決（仙台高判平成三・一・一〇判例時報一三七〇号三頁）も、「象徴的結合」の理論は採用していない。

4　おわりに

①　以上縷述してきたように、本件玉串料訴訟判決については、第一に、従来の最高裁判決に照らして重大な疑義が存する。

すなわち、判決は形式的には最高裁の用いた目的効果基準を採用しているものの、実質的には明らかにこれから逸脱し、異なった基準を用いているということができる。具体的には、まず玉串料支出の「目的」についてみた場合、判決は玉串料等の支出をもって靖国神社の祭神に対する畏敬崇拝の念の表明、すなわち信仰の表明であって宗教的意図を有するとしている。しかしながら、玉串料等の支出はあくまで戦没者の慰霊および遺族の慰藉のためであって、決して信仰の表明ではない。つまり、靖国神社は、法的にみた場合は、確かに判決のいうように、一宗教法人にすぎないわけであるが、事実的側面から見た場合は、戦没者慰霊のための中心施設であるということができる。そこで県は、あくまでこの事実的側面に着目して公金を支出しただけであって、そこに信仰の表明を読みとることはできない。また、判決は一般人の意識や県当局者の意図（判決のいわゆる「主観的意図」）を離れて「〔客観的〕目的」なるものを認定しているが、このような目的の認定の仕方は恣意的であって、明らかに最高裁判決の立場と異なる。さらに、玉串料等の支出が仮に宗教的意義をもつとしても、最高裁判決にいう目的効果基準において決定的役割を果すのは「効果」であるから、それだけでもって直ちに違憲とされるわけではない。

次に、玉串料等の支出の効果についてみた場合、判決は、玉串料等の支出が県と靖国神社との結びつきを示す「象徴」としての役割を果すことになるから、これは「精神的援助」に当り、許されないとする。しかしながら、県と靖国神社との間には、僅かな額の玉串料等の支出以外には何ら結びつきの実体など存在しないのであるから、玉串料がそのありもしない結びつきを「象徴」するというのは全く意味をなさない。また、最高裁のいう効果は、あくまで現実的効果を意味しており、援助の「おそれ」とか「可能性」とかいったポテンシャルな効果までは含まないと解されるし、「精神的援助」などといった曖昧なものは考えていないと思われる。その意味で、判決が「精神的援助」の「可能性」といった、いよいよ曖昧模糊とした理由をもとに宗教に対する援助、助長、促進の「効果」を認定したのは誤りであり、明らかに最高裁判決に悖るものといわなければなるまい。仮に「精神的援助」なるものを認めるとしても、それは定義を明確にした上で採用すべきであろう。そしてその場合にも、県には一宗教法人としての靖国神社の信仰を支援するといった意図はなく、あくまで儀礼目的で公金を支出したにすぎないし、また、玉串料等の支出が現実に靖国神社の信仰を援助、助長するものとは考えられない。それ故、玉串料等の支出が「精神的援助」に当るなどとはいえないと思われる。

第二に、本判決は、直接的には、アメリカのボール事件判決を参考にしたものであると解されるが、そのようなアメリカの判例の援用の仕方については疑問があるほか、仮にボール事件判決にいわゆる「象徴的結合」の理論を適用するとしても、本判決の結論には大きな疑問が残る。

まず、アメリカの判例の援用の仕方についてであるが、本件のような財政援助でも何でもない、単なる儀礼的な公金支出のケースに、財政援助の典型的な例と考えられるボール事件判決の論理を適用するのは妥当性を欠くのではないかと思われる。というのは、アメリカの判例は、少くとも政教分離問題に関する限り、事案によって判決が微妙に異なることが多いことから、これを比較参照するに際しては、同類型に属するもの、ないしは可能な限り類似した判例を援用すべきであると考えられるからである。

また、仮にボール事件判決の論理を適用するとしても、「象徴的結合」の理論そのものが曖昧であり、違憲判断の基準として採用するに相応しいものかどうか、その有効性という点で疑義がある。さらに「象徴的結合」の理論は、あくまでボール事件判決の中で「主要な効果」としてあげられている三点の中の一点にすぎなかった。つまりボール事件では、州と宗教学校の象徴的結合による宗教支援の危険以外に、より重要な、宗教を伝道したり、宗教的活動を実質的に援助したりして宗教を促進するという「実質的な危険」ないし危険の可能性が存した。これに対して、本件玉串料訴訟の場合には、「効果」としては玉串料等の支出が県と靖国神社の結合の「象徴」

となり、「精神的援助」に当るというのみで、ボール事件判決で示されたような「実質的危険」についての明確な指摘はない。わずかに危険の可能性についての指摘はあるが、それとてもあくまで「可能性」にとどまり、しかも、二重、三重の仮定の上に成り立ったきわめて観念的なものであって、ボール事件ほどの危険の可能性さえ存しない。それゆえ、仮にボール事件の理論を適用するとしても、きわめて曖昧な「象徴的結合」の理論だけでもって玉串料等の支出を違憲と断ずるのは、性急にすぎると思われる。

以上の点から本判決は最高裁判決に照らしても、また、アメリカの判例との比較からいってても、きわめて疑問であるといわなければならない。(1)

② さて、以上で本稿の目的は一応達せられたと思われるが、最後に、玉串料等の支出と政教分離の関係をめぐって、若干の残された問題点について言及しておこう。

判決は、戦没者の慰霊について、憲法の政教分離からして、慰霊の方法には「一定の制限」があること、また、靖国神社はあくまで一宗教法人にすぎず、玉串料等の支出は靖国神社のみを特別扱いすることになり、「国家と特定宗教（あるいは特定宗教団体）との結び付きを生じさせるおそれ」があることから、玉串料等の支出は、たとえ僅かな額であっても許されないとする。

しかしながら判決は、他方で、㈠「戦没者に対し報いることは国家として当然の責務であり、国又は地方公共団体の手によって戦没者に対するいわゆる慰霊、追悼のための行為を行うことは」「極めて望ましいことというべきである」こと、また、(二)「現行憲法の採用した政教分離の原則も」「国及び地方公共団体が国民大多数の右の考え方に従って慰霊、追悼のための行為を行うことまで禁止しているとは解されない」こと、さらに、(三)「戦没者の遺族その他の関係者は」「靖国神社を戦没者の霊の存在する場所と考え、そこに参拝することによって故人と対面することができるとの感情を抱いて」おり、「これら多数の者の感情は、国又は地方公共団体が戦没者の慰霊、追悼のための行為を行うに当っても、許される限り、尊重されなければならない」ことまで言及している（傍点引用者）。それゆえ、ここから靖国神社の戦没者に対する公金の支出は、たとえ儀礼的であり、又わずかな額であっても一切許されないとする結論を導き出すのは矛盾ないし背理というものではなかろうか。また、これでは遺族その他の多数の者の感情は完全に無視されたことになり、「許される限り、尊重されなければならない」というのも、ただのリップ・サーヴィスにすぎないことになろう。

判決が、たとえ僅かな額であっても玉串料等の支出は一切許されないとした理由は、第一に、「現行憲法が政教分離規定を設けた経緯と意義」ということであり、第二に「現行憲法の下においては、靖国神社には、他の一般の宗教団体と全く同じ一宗教団体としての地位以上の地位は認められていない」ということであった。そして、判決は、それにもかかわらず玉串料等の支出を正当化した場合には、「靖国神社の祭神に対する信仰」のみが県によって「特別の扱い」を受けることになり、ひいては「国家と特定宗教（或いは特定宗教団体）との結び付きを生じさせるおそれ」がある、と述べている。

このような判決の理由づけには、一見、もっともらしい面もあるが、しかし、以下に見るように、明らかに問題があると思われる。

第一に、本件玉串料等の支出は、縷々述べてきたとおり、あくまで儀礼的なものであって、判決のいうように靖国神社の祭神に対する信仰の表明といった類のものでは決してなかった。この意味で、判決は、すでに出発点から誤りを犯しているといわなければならない。第二に、判決は、玉串料等の支出は靖国神社のみを特別扱いすることになり、一般人に対しても靖国神社は特別なものとの印象を生じさせるおそれがあるとしている。しかし、それは正に逆といわなければならない。つまり、判決のいうように、玉串料等を支出するから靖国神社が特別の存在となるのではなく、靖国神社は歴史的、沿革的に見ても、また、現実的に見ても、まぎれもなく戦没者慰霊の中心施設であり、その意味で、一宗教法人ではありながら、特別な存在である。そしてそのような事実がまず存在し、一般国民（県民）もそのような「印象」を抱いているが故に、県はそれらの事実を尊重して玉串料等を支出しているわけであって、[2]明らかに判決は本末を転倒している。但し、県が靖国神社を戦没者慰霊の中心施設として特別扱いしているとはいっても、具体的には僅かな玉串料等を支出してきただけであって、それ以上に、靖国神社に特権を付与したり、財政援助をしたりしているわけではない。故に、憲法上全く問題はないと考えられる。

第三に、玉串料等の支出によって国や地方公共団体と靖国神社が一体化するおそれがあるという点であるが、この点については、すでに触れたとおり、県は僅かな額の玉串料等を支出してきただけであって、そのことは二十数年間、変わらない。それゆえ、県と靖国神社が一体化する恐れがあるなどというのは全くの杞憂にすぎない。又、もしわずかな玉串料等の支出であっても、それが継続する場合には危険であるとすれば、次のような疑問が生ずるであろう。それでは、最高裁判決が合憲としている地鎮祭の場合はどうなるのか、と。というのは、国や地方公共団体が各種公共建造物の建築着工に際して、神道式地鎮祭を行う例は広く見られるところであるが、これをもって国や地方公共団体と神道との特別の結びつきや、神道の国教化を観取するのは無理と思われるからである。

考えるに、本件玉串料訴訟の場合には、県は単に儀礼的に公金を支出しただけであり、金額も五千円から一万円という僅かなものであった。又、靖国神社での慰霊祭には、県の関係者らは参列さえしていない。これに対し、津地鎮祭訴訟のケースでは、市自らが神道式地鎮祭を主催し(神職が主宰したのは儀式の執行のみでそのような神道式地鎮祭そのものの主催者はあくまで市であった)、市長らがこれに出席、さらに七千円以上の公金を支出している。この場合、県や市の宗教とのかかわり方を比較したとして、どちらの行為の方が宗教性が強いかはいうまでもなかろう。(3)

この点、確かに判決もいうように、玉串料等の支出は継続的なものであるのに対して、地鎮祭は、それぞれの地鎮祭についてみれば一回限りのものである。しかし、国や地方公共団体によって、神道式地鎮祭そのものは繰り返し行われているというのが実状である。(4) むしろ、その頻度、回数という点からいえば、玉串料等の支出の比ではなかろう。にもかかわらず、神道の国教化などといった事態は、現実に存在しない。

したがって、単なる玉串料等の支出による県と靖国神社の一体化の恐れなどといったことは、実際にはありえないことと思われる。

第四に、判決は、現行憲法が政教分離を設けた経緯と意義を考えた場合には、玉串料等の支出は一切許されないと結論づけているが、この点についてはいかに考えるべきであろうか。

確かに判決のいうように、憲法が政教分離規定を設けたのは、旧憲法下で信教の自由が不完全であったことにかんがみ、その保障を一層確実にするためであった。又、旧憲法下で、国家と神道が密接に結びつくことによって種々の弊害が生じたことも事実である。(5) このことは最高裁判決も指摘するとおりであり、そのために、現行憲法は「信教の自由を無条件に保障」すると共に、「その保障を一層確実なものとするため、政教分離規定を設けるに至った」わけであった。したがって、原告が主張するように戦前に対する「反省」の上に現憲法が成立したとしても、「憲法二〇条および八九条自体が戦前に対する『反省』の結果とみれば良く、この条文を離れて」、特に神道に対してのみ「厳格な政教分離を主張する理由はないと思われる。[6]」というのは、憲法は神道指令と異なり、神道に対してのみ厳格な分離を命じているわけではないからである。にもかかわらず、宗教平等の憲法原則を無視して、神道に対してのみ厳格な分離を要求するとなれば、逆差別の恐れさえあろう。[7]

又、憲法の政教分離が国家と宗教とのかかわり合いを一切許さないというほど厳格なものでないことは、最高裁判決の承認するところである。しかも最高裁は、前述のように、見方によっては本件玉串料等の支出よりも、はるかに宗教性が濃いと思われる神道式地鎮祭の主催さえ、合憲とした。とすれば、最高裁判決に照らしても、憲法が、わずかな公金の支出といった、この程度の宗教とのかかわり合いまで否定するものとは到底考えられない。又、もしこの程度のかかわり合いでさえ許されないというのであれば、もはや国家と宗教のかかわり合いは一切禁止されたも同然であろう。

この点、本判決も最高裁の立場を承認した上で「目的効果基準」を採用したはずである。それにもかかわらず、政教分離規定の設けられた経緯と意義からみて、国家と特定宗教とのかかわり合いは一切許されず、従って、戦没者慰霊のためのわずかな公金の支出でさえ許されないというのでは、明らかに矛盾であろう。また、政教分離規定の設けられた経緯と意義から、一切の公金の支出も許されないとするのであれば、それは結論の先取りというべきである。それでは、判決が玉串料支出の「目的」と「効果」を詳しく検討してきたのは一体何のためであったのか。判決の立場からすれば、わざわざ玉串料等の支出の目的と効果など検討しなくても、政教分離規定の設けられた経緯と意義から、直ちに結論は出てしまうのではないか。

それ故、判決が玉串料等の支出の目的および効果を認定するに際して、牽強付会ともいうべき結論を導き出したのは、ありていに言えば、実は結論が先にあり、その結論に合わせるべく目的と効果を認定しようとしたからに他ならないと思われる。

判決は、被告らの主張は「首肯できる側面を有しているものの、ことの一面しか見ず、また、現行憲法が政教分離規定を設けた経緯と意義を十分に考慮に入れないものであり、採用できないものといわざるを得ない」と述べているが、判決の方こそ「ことの一面しか見ず」、現行憲法の定める政教分離の「意義」を誤解し、これまでの「経緯」を無視しているのではなかろうか。

（1）　にもかかわらず、本判決で用いられた「象徴的結合」の理論は、一人歩きを始めた感があり、各地で係争中の政教裁判において、原告側がこの理論を採用し出したようである。又、本判決の「主観的意図」と「（客観的）目的」を区別する手法も、先頃下された長崎忠魂碑訴訟一審判決において早速採用されている。いわく「被告の主観的な目的は他の忠魂碑の場合と異なるところがなかったにしても、客観的に見れば、その目的は特定宗教施設そのものの維持管理であり（云々）」（傍点引用者）と（長崎地判平成二・二・二〇判例時報一三四〇号、五四頁）。

ついでに、本判決についての若干の感想を述べるならば、本判決では被告側の各主張に対しても全面否定は少なく、一応容認しつつ、「しかし」という形で反論するパターンが多数見受けられる。それが、本判決の論理をわかりにくくしている原因の一つかも知れない。しかしそれにしても、判決の論理が一見つかみどころがないような感じがするのは、やはり「愛媛県と靖国神社との結び付きに関する象徴としての役割」（傍点引用者）とか「精神的援助」とかいった曖昧な概念の多用、および「おそれ」とか「可能性」といった印象をもとにした憶測、推認の羅列によるものといえよう。大原康男教授によれば、これらは「事実認定の弱点を補うためのレトリック」ということになるが、宜なるかなと思われる。例えば判決が玉串料等の支出をもって県と靖国神社との「結びつきの象徴」という場合、これは本文で指摘したように明らかに論理の混乱に基づくものと思われるが、もしそうではなく、あたかも、玉串料によって象徴される県と靖国神社との結びつきの実体が何かあるかのように錯覚させることを目的として、敢えてこのような表現を用いたとするならば、まさに巧妙なレトリックであるといわざるをえない。

（2） 梅林健「問われている国民良識」『神社新報』（平成元・三・二七）参照。

（3） この点、原告側準備書面（二）（一九九〇年一月）では、「津地鎮祭事件では、市の主催する起工式において、神職主宰の地鎮祭が行われたものであったが、本件の春季例大祭、みたま祭り及び秋季例大祭は靖国神社が、春季慰霊大祭及び秋季慰霊大祭は愛媛県護国神社が、それぞれ主宰（主催）するものであって、宗教法人が主宰（主催）する行事である点において、津地鎮祭事件に比してその宗教性は顕著である」（傍点引用者）としているが（五三頁）これは何かの誤解であろう。というのは、問題はあくまで、市および県の行為自体について、宗教性がどれだけ強いか、つまり宗教とのかかわりがどれだけ大きいかということであって、そのかかわりの対象となるものの宗教性の強弱などということは、二義的な意味しか持たないはずだからである。

（4）最近では、地鎮祭は工事業者が主催する場合も多いようである。しかし国有地ないし公有地上で宗教的儀式が行われ、国や自治体の首長らがそれに出席しているのは間違いないし、しかもその費用は、通例工事代金の中に含まれるとも聞くから、実体は国や自治体が主催するのとさして変りはなかろう。

（5）但し、神道「国教化」の由来、あるいは神道「国教制」の実体については非常に誤解が多い。この点については、葦津・前掲書および阪本是丸・前掲共著を参照。なお、前掲『憲法と政教分離』二四頁以下も参照。

（6）拙稿「愛媛県玉串料訴訟の問題点」五〇頁。〔前掲『憲法と政教分離』二〇六頁〜二〇七頁。〕

（7）この点、例えばフランスでは、中世以来、カトリックが国教ないし事実上国教とされ、その下でプロテスタントに対する苛酷な弾圧が繰り返されてきたことは周知のとおりである。それにもかかわらず、現在、過去に対する「反省」からカトリックに対してのみ特に厳格に分離すべしといった声は聞かれない。それどころか、カトリックは今日なお、国家生活において重要な役割を果たしているというのが実状である。同様の例は、欧米各国でも広く認められるところであり、わが国の一部厳格分離論者の神道に対する過剰ともいえる反応は、筆者には理解しがたい。

（補注1）この点、岩手靖国訴訟判決（仙台高判平成三・一・一〇判例時報一三七〇号三頁）も、当判決の立場をほぼそのまま踏襲し、靖国神社公式参拝および玉串料支出の「目的」は「客観的に観察」するならば「特定の宗教法人である靖国神社の祭神に対する拝礼」ないし「畏敬崇拝の意」の表明という側面を有し、宗教的意義は否定できないとする（傍点引用者）。つまり「信仰の表明」としての側面を有すると断定しているわけだが、もしそうであるとすれば、従来、わが国を来訪した国賓や公賓あるいは外国軍隊などが「表敬」ないし「儀礼」の目的で靖国神社に公式参拝（特別参拝）してきたという事実はどのように評価したらよいであろうか。ちなみに外国軍隊が部隊として行う公式参拝は、少くとも昭和四〇年代まではしばしば行われてきたし、現在でも、外国軍隊の司令官や駐日大使などによる「特別参拝」は続けられている（『靖国神社百年史事跡年表』（昭和六二年）——本書、巻末資料⑵靖国神社外国人参拝記録」を参照）。判決の論理からすれば、これも「客観的に観察」するならば、「信仰の表明」としての側面は否定できない、という奇妙な結論になるが、これこそ最高裁判決の否定している「当該行為の外形的側面のみにとらわれ」た解釈——つまり「対象」が「宗教法人」であるということのみにとらわれた解釈——というべきであろう（拙稿「岩手靖国訴訟判決の問題点」『正観』第七号）参照。）なお、当判決に対しては、更に詳細な反論を予定している。

第2章　愛媛県玉串料訴訟最高裁判決「事前漏洩」事件

1　はじめに

昭和五十七年の提訴以来、十五年間にわたって争われてきた愛媛県玉串料訴訟について、朝日新聞及び共同通信配信の地方各紙は、去る（平成九年）二月九日、「最高裁　違憲判断へ」といった大見出しのもと、判決内容について詳細な報道を行った。それらの記事を見る限り、判決内容や合議内容が事前に漏洩したとしか考えられない。これはわが国裁判史上、例をみない大変な不祥事である。

ところが当の最高裁は、二月十九日には早々と「厳格な調査をしたが、漏洩の事実はなかった」との結論を下し、国会の委員会における各議員からの質問に対しても、「念には念を入れて調査したが、調査結果が間違っていることはない」と繰り返すばかりである。そして漏洩疑惑は一向に晴れないまま、四月二日には判決が言い渡されることになった。

次章で詳しく述べるように、最高裁が評議（合議）の秘密を漏洩したことは、様々な状況証拠からして、ほぼ間違いないと思われる。とすれば、最高裁はそのような不祥事の出来（しゅつらい）に加えて、さらに漏洩事実を糊塗ないし隠蔽しようとしていることになろう。その意味では、本件「事前漏洩」事件は、少なくともわが国では未曾有の出来事であり、このようなことが二度と繰り返されないためにも、あえてその経緯を記録にとどめておく必要があると思われる。

本稿の目的は、主としてこの点にある。と同時に、玉串料を違憲とする理由がもし報道通りであるとするならば、それはこれまで一、二審で積み重ねられてきた議論を無視したあまりにもお粗末なものであって、そのまま看過することはできない。そこで仮定の問題にはなるが、この点についても第三節で若干、反論を加えることにした。

筆者は、本訴訟の提訴以来、被告元知事側を支援し、一審では鑑定書を提出した。また一審の違憲判決に対しては、詳細な反論文を物している。(1) この拙論を榎原猛先生は、御論文「戦没者慰霊への公機関の関与と『政教分離』原則——従来の判例・学説への疑問——」の中で態々引用下さり、拙論ではまだ不十分であるとして、次のように独自の見解を示された。すなわち、「国のために殉じた人の霊を国家構成員が相寄って追悼し慰めたい、またそうすべきであるという国民の自然の心情を、憲法十三条の幸福追求権の範疇で把え」られたうえ、「戦没者慰霊への公機関の関与によって現実に求められている憲法的価値（公共の福祉）は」、右の「①国民の『幸福追求権』上の価値、および②国防上の価値」であると指摘されたわけである。[2]

また榎原先生には、この度の「事前漏洩」事件に際しても、事件の真相を究明する会の呼び掛け人に御就任戴いている。

このようなご縁もあって、本稿のテーマは愛媛県玉串料訴訟とさせて戴くこととした。現在進行中の「事件」につき執筆するという異例のものではあるが、ことの重大さと事態の深刻さに鑑み、あえて現時点（平成九年三月三十一日）までの事件の経緯を記録に止めることとした次第である。

(1) 第一審判決に対する批判については、本書第一章参照。
(2) 榎原猛「戦没者慰霊への公機関の関与と『政教分離』原則－従来の判例・学説への疑問－」『甲子園短期大学紀要』第一〇号（平成三年）、一四六頁、一四五頁。

2　判決の「事前漏洩」

① 二月九日付、朝日新聞、共同通信配信記事

二月九日付け朝日新聞及び共同通信配信の地方各紙は、愛媛県玉串料訴訟につきそれぞれ一面トップないしそれに準ずるような形で、判決内容についての詳細な報道を行った。

例えば「玉ぐしに公費　違憲の公算」「最高裁大法廷　政教分離で初判断へ」との一面トップ見出しを付けた朝日新聞の記事は次のとおりである。すなわち、

「『愛媛玉ぐし料訴訟』上告審判決で、最高裁大法廷（裁判長・三好達長官）は、『公費の支出は憲法が禁止した宗教的活動にあたる』との判断を示す見通しとなった。政教分離が問題となった訴訟で最高裁が憲法違反の判決を言い渡すのは、初めてとなる。……」

というのがリードであり、本文には、

「これまでの審理の経過などからみて、目的効果基準は維持される公算が大きい。判断枠組みとしては現在でも有用だと言われており、結果的に、これに代わる基準を一から組み立てるには至らないものとみられる。

その上で半数を超える裁判官が、靖国神社という純然たる宗教団体への、神道形式にのっとった金銭提供であることを踏まえ、『その目的や効果からみて政教分離規定に違反する』などという見方を示すとみられる。」（傍点引用者、以下同じ）

とある。

他方、共同通信の配信記事を、一面トップで掲載した地方紙は、愛媛新聞、大分合同新聞、岩手日報、宮崎日々新聞等十二紙であった。この共同通信の配信記事は、朝日以上に詳しい。例えば、地元の愛媛新聞では、「愛媛玉ぐし料訴訟　公費支出違憲判断へ」との一面トップ見出しを

掲げた上、次のようなリードを付している（別掲資料①参照）。

「靖国神社の玉ぐし料などへの公費支出が憲法違反かどうかをめぐって争われている愛媛玉ぐし料訴訟で最高裁大法廷（裁判長・三好達長官）は八日までに、近く言い渡すとみられる判決で靖国神社の玉ぐし料などへの公費支出について政教分離原則に反するとして違憲判断を示す見通しとなった。靖国神社の玉串料への公費支出について最高裁の判断は初めて。……」

そして、本文記事にはこうある。

「大法廷の審理では、白石元知事側の支出の意図や玉ぐし料の性格などを検討。違憲の立場からは①あわよくば国家護持に結びつけようとの意図がなかったとは認めにくい②宗教行事そのものへの支出と言え、過去に社会的儀礼として合憲判断が出た神道式地鎮祭とは同じに扱えない——などとの見解が出されたという。

これに対し靖国神社は戦没者慰霊の中心的施設で、支出は社会的儀礼の性格が強いなどとして合憲論も出たが、最終的に違憲論が多数に上ったもようだ。……」

「大法廷の審理では、目的効果基準について『基準としての明確さに欠ける』との批判から新たな基準づくりを求める意見も出たが、審理にかける時間に制約もあって見送られ、最終的に同基準に沿って結論が示される見通しだ。……」

更に愛媛新聞は、社会面でも大きく紙面を割き、「最高裁が見識示した」との大見出しのもと、原告団長の写真入りで、「十五年の苦労吹き飛ぶ　原告・支援者口々に喜び」と題する十段に及ぶ記事を掲載している（別掲資料②参照）。

両紙、とりわけ愛媛新聞の記事は、非公開である大法廷の「審理内容」を具体的かつ詳細に報じたものであり、この記事を見る限り何らかの形で大法廷の「合議の秘密」が漏洩したことは間違いないと思われる。

② 最高裁への抗議、釈明要求、調査申入れ

右報道の翌日（二月十日、月曜日）には、全国から最高裁へ抗議の電話が殺到した模様であり、被告側弁護団も同日、最高裁宛に次のような上申書を提出した。

「……最高裁判所の合議の秘密、評議採決の経過内容が具体的に報道公行されており、右事実はその報道機関の社会的地位、掲載された新聞の性格、報道された具体的詳細な記事から合議の秘密が侵害されたと思料される具体的な根拠を示すものである。（改行）合議の秘密を公行した事実があるのかどうか、そうでないとすれば、右報道機関に対して裁判所がどのように対処されるのか具体的に釈明されたい。」

又、村上正邦参議院自民党幹事長も、同日、最高裁の事務総局に対し調査を申し入れている。

資料①

新　聞　平成9年(1997年)2月9日(日曜日)　第40860号　(日刊)

愛媛新聞

発行所　松山市大手町1丁目12ノ1　郵便番号790=72
愛媛新聞社
電話089(935)2111受付案内台
郵便振替口座番号　01600－4－15421

愛媛玉ぐし料訴訟

公費支出違憲判断へ

最高裁大法廷　政教分離に反す

靖国神社の玉ぐし料などへの公費支出が憲法違反かどうかをめぐって争われている愛媛玉ぐし料訴訟で最高裁大法廷(裁判長・三好達長官)は八日までに、近く言い渡すとみられる判決で靖国神社の玉ぐし料などへの公費支出について政教分離原則に反するとして違憲判断を示す見通しとなった。靖国神社の玉ぐし料への公費支出について最高裁の判断は初めて。判決は閣僚の公式参拝など今後の国、自治体の靖国問題へのかかわり方、政教分離の在り方に影響を与えそうだ。大法廷は今週中にも判決期日を指定する見通しで、二月下旬か三月に言い渡される公算が大きい。

(5面に関連記事)

訴訟では、一九八一年から八六年にかけて愛媛県が靖国神社春季例大祭の玉ぐし料などとして支出した計十六万六千円について、同県住民らが政教分離原則を定めた憲法に反する支出で県に損害を与えたとして、白石春樹・元知事らを相手に、全額を県に賠償するよう求めている。

一審松山地裁で住民側が勝訴したが、二審高松高裁で逆転敗訴となり、最高裁に上告。今年一月二十二日、口頭弁論が開かれた。

大法廷の審理では、白石元知事側の支出の意図や玉ぐし料の性格などを検討。違憲の立場からは①あわよくば国家護持に結び付けようとの意図がなかったとは認めにくい②宗教行事そのものへの支出と言え、過去に社会的儀礼として合憲判断が出た神道式地鎮祭とは同じに扱えない－などとの見解が出されたという。

これに対し靖国神社は戦没者慰霊の中心的施設で、支出は社会的儀礼の性格が強いなどとして合憲論も出たが、最終的に違憲論が多数に上ったもようだ。

政教分離をめぐる過去の裁判では、国や自治体と宗教とのかかわりがどの程度なら許されるのか判例上の基準となっている「目的効果基準」で結論を導いており、一審松山地裁、二審高松高裁とも同基準でそれぞれ「違憲」「合憲」と判断した。

大法廷の審理では、目的効果基準について「基準としての明確さに欠ける」との批判から新たな基準づくりを求める意見も出たが、審理にかける時間に制約もあって見送られ、最終的に同基準に沿って結論が示される見通しだ。

靖国神社の玉ぐし料への公費支出については、岩手靖国訴訟の二審仙台高裁判決がやはり目的効果基準で違憲判断を示し、同判決が確定している。

いい判断出そう

安西賢二原告団長の話　当然、違憲判断が出るとは思っていた。教科書問題や慰安婦問題などをみても、今の日本人はアジアの人への加害者意識が欠落している。人間的なまなざしを失ってきており、危機感を持っていたが、いい判断が出そうだ。評価している。

コメントできぬ

黒田耕一被告側代理人の話　判決を聞いてからでないとコメントできない。

憲法二〇条(信教の自由)　三項　国およびその機関は、宗教教育その他いかなる宗教的活動もしてはならない。

憲法八九条(公の財産の支出または利用の制限)　公金その他の公の財産は、宗教上の組織もしくは団体の使用、便益もしくは維持のため、または公の支配に属しない慈善、教育もしくは博愛の事業に対し、これを支出し、またはその利用に供してはならない。

新　聞　定価(消費税込み)1ヵ月2,950円・1部110円　(第3種郵便物認可)

「最高裁が見識示した」

愛媛玉ぐし料違憲判断へ

「政教分離原則違反か、社会的儀礼か」―国家と靖国神社のかかわりを問うた愛媛玉ぐし料訴訟は八日、最高裁大法廷が靖国神社の玉ぐし料などへの公金支出について違憲判断を示す見通しが明らかになった。「一審違憲」「二審合憲」。提訴から十五年、大きく揺れ動く司法判断に、原告、被告双方が勝訴の感激と敗訴の苦渋を体験した。一月二十二日の上告審口頭弁論から半月余り。「玉ぐし料違憲判断へ」のニュースに、被告関係者らは「まだ判決が出たわけではない」と静観する一方で、原告住民らは「違憲判断が出ることは確信していた」「うれしい」と明るい見通しを喜んだ。

15年の苦労吹き飛ぶ

原告・支援者口々に喜び

「最高裁の見識が示された」「長かったが、やっとこれで見通しが明るくなりました」―先の大戦の反省をもとに十五年前、保守的な愛媛の地から「玉ぐし料違憲」の声を上げた原告や手弁当で支えてきた弁護士、県内外の支援者たちは静かに喜びの感想を語った。

原告団の前面に立って仏教者の立場で違憲性を訴え続けてきた松山市の僧りょ安西賢二団長(五三)は「当然、違憲判断しかあり得ないと思っていたが、よかった」と安どの表情を見せた。安西団長は「国や県が戦死者を追悼すること自体が問題なのではなく、靖国神社というれっきとした特定の宗教施設で慰霊することが問題。戦争で亡くなった人への思いを否定してきたのではない」と提訴の意味をあらためて強調した。

早速、安西さんと電話で連絡を取り合った西島吉光弁護団長(五三)=松山市=は「弁護団が予想した通りの内容だと思う」と最高裁の姿勢を高く評価する。特に判決の国際的影響に触れ「靖国と国の問題をアジアの人たちが注目している中で違憲判決が出るということは、今後、日本がアジアの中で占める役割の面でも大変意義がある」と指摘。第二次大戦で甚大な被害を受けたアジア・太平洋地域の人々の気持ちに思いをはせた。

特攻隊の弟を亡くした原告の山崎幾右衛門さん(七二)=宇和島市=は憲法の政教分離原則を踏まえ「当たり前のことが当たり前として認められた」と淡々と語る。「今後の日本の方向も捨てたものではない」とも。

山崎さんらと最高裁口頭弁論にも出席したキリスト教徒の原告萩野美枝子さん(七五)=松山市=。「県議会戦没者追悼決議や教科書問題など歴史に逆行した流れが表面に出ているので合憲の可能性もあると思っていた。これで一人一人の尊厳が守られる。十五年の苦労が吹き飛んでしまう」と弾んだ声で話した。

また、全国の政教分離訴訟の原告関係者らで組織する「愛媛玉串(たまぐし)料訴訟を支援する全国連絡会」事務局長の渡辺恭章牧師(五六)=東京都豊島区=は「従軍慰安婦や戦後補償問題などの国際的な状況が一番大きな要因だろう。最高裁は良心を示した。国民としてホッとする。(自らが原告の一人の)東京即位の礼・大嘗祭(だいじょうさい)訴訟にも大きな影響を与えると思う」と他の訴訟への影響も挙げていた。

社会の流れが影響

司法記者を長く務め「最高裁物語」などの著書を持つ山本祐司氏の話　目的効果基準は二審判決に見るように、基準になり得ていない。いつまでも審理を続け、時間を掛けても解決できる問題ではなく、根本から考えるべきだということになったのでは。違憲判決じゃないと何も変わらない。政治も経済もどんどん動いており、そういう社会の流れが最高裁にも影響した。(裁判官十五人のうち保守的な)多数派に対する批判派で、リベラルと見ていい人が五人程度いる。(津地鎮祭訴訟判決のように)宗教が絡む裁判には、(違憲判断側に)保守派が加わることとは十分考えられ、違憲判決が出てもおかしくない。最近の沖縄問題などで、批判派がかなりの勢力になっているのではないか。

愛媛玉ぐし料訴訟　「靖国の国家護持に反対する愛媛県民の会」会員らが一九八二(昭和五十七)年六月、県による靖国神社などへの玉ぐし料公金支出は憲法違反として、当時の白石春樹知事と県職員に返還を求めた住民訴訟。訴えは五次にわたり、八一年から八六年までに県が靖国神社に支出した玉ぐし料など計十六万六千円の返還をめぐり審理された。

一審松山地裁は八九(平成元)年、「支出は、目的が宗教的意義を持ち、宗教活動を援助する効果がある」と違憲判断、原告全面勝訴の判決を言い渡した。二審高松高裁は九二年、「支出は社会的儀礼の範囲で、宗教活動に当たらない」として合憲判断。住民側の上告を受け最高裁は小法廷で審理していたが、大法廷回付を決定。一月二十二日に口頭弁論が開かれた。

愛媛での提訴までに、自治省の行政指導もあって玉ぐし料を出していた各県は公金支出を中止したが、白石元知事の在任中、愛媛県だけが続行。伊賀貞雪知事は私費での支出に切り替えている。

「違憲判断の見通し」との報に、あらためて提訴の意味を語る安西賢二原告団長=8日午後9時ごろ、松山市の自宅

公費支出は社会慣行

被告側　司法の否定を批判

「違憲判決が出るとは思わない」「国に命をささげたみたまを見舞うのは当然」―被告関係者は原告住民らとの歴史認識の違いをにじませる。

八日夜、岡山への出張から戻ったばかりの県遺族会副会長の佐伯正春さん(八二)=温泉郡川内町=は「玉ぐし料違憲判断へ」の知らせを聞いてもほとんど表情を変えず、「玉ぐし料は言い換えればおさい銭であり、日本の伝統。公平な結論が出ると期待している」と淡々と語った。しかし、首相らの靖国神社参拝問題などにも話題が移ると徐々に表情が厳しくなり、「靖国神社の維持管理も国がするべき」と強い口調で言い切った。

被告弁護団の一人は「勝つと思っており、判決が出ていないのにコメントできない」ときっぱり。別の関係者は「(提訴前まで県などが)長い間、靖国神社に玉ぐし料を支出しており、(公費支出は)社会的な慣行として存在していた。社会的文化が形成されており、それを司法が否定する方がおかしい」と違憲判断を批判した。

一方、県高齢者福祉課の寺川一課長は「判決が出ていないので、正式なコメントはできない」と語った。

政教分離をめぐる主な訴訟

訴訟	争われた行為	判決と判断		
津地鎮祭(じちんさい)訴訟	市施設の神式起工式(地鎮祭)に伴う供物などへの公費支出	1967・3津地裁	○	地鎮祭は習俗的行事にすぎない
		71・5名古屋高裁	×	地鎮祭は憲法が禁じる宗教的活動
		77・7　最高裁(確定)	○	宗教的活動に当たらない
自衛官合祀(ごうし)訴訟	殉職自衛官の遺族の意思に反し自衛隊地連が関与した県護国神社への合祀申請	79・3山口地裁	×	申請は憲法が禁じる宗教的活動
		82・6広島高裁	×	申請は憲法が禁じる宗教的活動
		88・6　最高裁(確定)	○	地連の関与は宗教的活動ではない
岩手靖国訴訟	靖国神社の玉ぐし料などの公費支出と首相ら公式参拝求める県議会決議	87・3盛岡地裁	○	公式参拝も支出も合憲
		91・1仙台高裁(確定)	×	公式参拝も支出も違憲
愛媛玉ぐし料訴訟	靖国神社の玉ぐし料などの公費支出	89・3松山地裁	×	支出は憲法が禁じる宗教的活動
		92・5高松高裁	○	支出は社会的儀礼の範囲

※判決で○は合憲、×は違憲

③　最高裁からの回答と事務総長記者会見

被告弁護団からの上申に対し、最高裁は二月十九日付で次のような回答を寄せた。

「……ご指摘の新聞報道に係る事柄を記者等に話した者がいるかどうかに関し、関係者につき厳格に調査したが、そのような事実は認められなかった。最高裁判所として当該報道機関に対して厳重に抗議したところ、当該報道機関から、記事は記者の推測に基づき書かれたものであり、裁判所関係者の秘密漏洩に基づくものでは全くないとの釈明がなされた。」

他方、最高裁の泉徳治・事務総長も同日、記者会見し、「内部調査の結果、合議の秘密漏えいの事実は認められなかった」と述べ、記事を出した両社に事務総長名の書面で抗議した結果、「記事は記者の推測で書かれたもの」との回答を受けたことを明らかにした。ちなみに、調査対象は、最高裁裁判官を含めて裁判関係者すべてに及んだという。

最高裁からの右抗議に対し、朝日新聞社会部長は、

「記事は判例、学説を検討し、法曹界や学界などへの取材を積み重ねたうえで、予測として掲載したものでした。最高裁の抗議は厳粛に受け止めています。」

と釈明、共同通信社編集局長も

「最高裁の抗議は厳粛に受け止める。判例、学説などを踏まえた記事であり、今後も公正な報道を期す。」

と、判を押した如く、同じ様な釈明を行っている（朝日新聞、九・二・二〇）。

しかしながら、単なる記者の推測であのような詳細で断定的な記事が書けるはずがなかろう。というのは、記事内容は非公開の「審理内容」にまで言及しているからである。また余程の確証がない限り、新聞社としては判決期日も指定されていない時点において、あのような記事をトップ・ニュースで報じるなどといった放れ技ができるはずがない。にもかかわらず、朝日と共同が同じ日にスクープ扱いである。愛媛新聞に至っては、写真入りで原告らの喜びの談話まで大きく報じており、これも同社が判決内容について、何らかの確実な情報を入手していた証拠である。

実は後日（三月八日）、筆者が愛媛新聞の論説委員室に電話して尋ねたところ、論説委員の一人は率直に「秘密が漏れたものと思う」と語っていた。また、同社社会部長も、問題の配信記事について共同通信社に確認したところ、「確たる自信をもっている」とのことなので、それを信用して原告への取材を行った旨回答してくれている。

また、朝日、共同とも、記事は判例や学説を検討した上で書かれたものと釈明しているが、そのようなことはとても考えられない。というのは、政教分離問題に関してわが国の判例と学説は大きく対立しており、いくら学説を検討しても大法廷判決など予測できるはずがないからである。また、これまでの判例をもとに考えた場合、最高裁、下級審ともに合憲判決の流れが続く中で、(1)違憲判決を予想することは困難であった。このことは、筆者が直接耳にした限り、原告側の全国の支援者や憲法学者らが、それまで一様に悲観的であったことからも了知されよう。

さらに不可解なのは、最高裁からの抗議に対して、朝日、共同両社の幹部がこの抗議を共に「厳粛に受け止め」ている点である。もし問題の記事が、真実、両社の予測記事であれば、それこそ報道の自由に対する干渉であり侵害であるとして、逆に最高裁に断固抗議すべき筋合いのものではなかろうか。語るに落ちたとはこのことである。つまり最高裁としてみれば、一応抗議のポーズはとってみせたものの、漏洩が事実であったため、両社に対してそれ以上に、記事の訂正や取消しを求めたり謝罪広告を求めるといった強硬な態度に出るわけにもいかない。[2] 他方、両社としても明らさまに秘密を入手したというわけにもいかず、とりあえず神妙な態度をとってみせただけ、と見るのが最も自然であろうし、そのように考えれば全て納得がいく。

そして何よりも秘密漏洩が間違いないと思われる根拠は、問題の記事を見て最高裁が「内部の関係者」と「報道機関」の双方について調査をしていることである。[3] というのは、最高裁が内部調査まで行ったのは、少なくとも調査開始の時点において、判決内容（判決原本ないしその原稿）や合議内容と問題の記事が一致していると認めたからである。もし両者が無関係であれば、少なくとも内部調査の必要はなかった。つまりこの場合、問題の記事が勝手な推測記事なり捏造記事であることは最高裁自身分かっているのであるから、何もうろたえる必要はなかった。また、仮に調査するにしても、なぜそのような記事が書かれたのか報道機関側に対して調査を行えば、それで十分であった。このように考えるならば、様々な状況証拠及びその論理的帰結として、秘密の漏洩があったことは間違いないと思われる。

④　国会での質疑

右に述べたような疑問ないし問題点は、国会の各委員会でも繰り返し取り上げられた。

先ず二月二十日の参議院法務委員会では、久世公堯議員（自民）が質問にたった。同議員は、あくまで報道された「判決の内容」を問題にしているのではないと断った上、問題の記事は「確たる情報に基づいた記事で、単なる憶測記事では到底考えられないような内容で」あり、裁判所の守秘義務違反の疑いがあると質した。これに対し最高裁判所長官代理者（最高裁事務総局総務局長）涌井紀夫氏は、先の事務総長の記者会見における説明と同様、「慎重な調査を進めて」きたが、「合議の内容が漏れたという事実は認められ」なかったこと、同記事は、「新聞記者が推測で書いた」ものであるとの答弁を行っただけであった。(4)

引き続き、同日午後の衆議院法務委員会では、西村眞悟議員（新進）が質問している。西村議員は、大野正男裁判官が二月三日から十九日までヨーロッパに出張中であり、いかにして同人への調査を行ったのかを問い質した。これに対し最高裁の涌井総務局長は、「具体的にどういう方法でというところになりますと、実はこれは事件の審議にもかかってまいりますので、そこは控えさせていただきますが、大野裁判官からも事情は確認した」というだけで、具体的な調査方法は明らかにしていない。(5) 恐らく、電話でのやりとり程度にとどまるであろうが、果してこれが「厳格な調査」「慎重な調査」と云えるであろうか。また、具体的な調査方法は「事件の審議」にかかわるからいえないというが、漏洩があったか否かの調査は事件の審理とは別であり、言い逃れでしかない。

その後、三月十一日には参議院予算委員会で野間赳議員（自民）が質問している。その結果明らかになったことは、調査の対象となった最高裁内部の関係者は「総計で五十名弱」ということであった。とすると、調査が行われたのは二月十日から十八日までの九日間、そのうち祝日、休日を除くとわずか六日間程度ということになるが、この短期間のうちに五十名弱に及ぶ多数の関係者を調査したことになる。これがどうして「慎重な調査」になるのであろうか。

野間議員は更に、仮にマスコミの推測記事ということであれば、「最高裁判所の威信を失墜させた……責任はきわめて大きい」わけであり、両社に対し「記事の訂正、取り消しの記事記載」さらには「謝罪広告を求める気持はあるのかどうか」と重ねて質したが、涌井局長は「それ以上の対応をとるという考えは持っておりません。」と要求を撥ねつけている。(6)

⑤　真相究明要望書等の提出　この間、民間からは合議内容の漏洩疑惑解明や真相究明を求める要望書が、最高裁宛二通提出されている。

第一は、奥村文男大阪国際女子短期大学（現、大阪国際大学）教授や高乗正臣平成国際大学教

授ら、憲法学者二十名による要望書であり、これは三月三日に最高裁に提出された。要望書は、諸々の理由から合議内容が漏洩したと推論せざるをえないとした上、再度の徹底した調査を求め、「真相の解明を中途半端にしたまま、判決を下すことを深く危惧する」と述べている。

第二の「最高裁判決報道の真相究明を求める要望書」が提出されたのは三月十八日であった。呼び掛け人は榎原猛大阪大学名誉教授、小堀桂一郎東京大学名誉教授ら五名、賛同者は八十名で、その中には憲法学者その他の有識者や弁護士らも多数含まれている外、文芸評論家江藤淳氏、漫画家加藤芳郎氏、東京大学教授藤岡信勝氏らの名前も見られ、多彩な顔振れであった。この要望書への賛同者はわずか十日間という短期間に集められており、賛同はするが、立場上名前は出せないといった方々も含めれば、その数は更に大きなものとなる。

右要望書は「何らかの形で大法廷の合議（評議）の内容そのものが外部に漏洩した」としか考えられないとした上、「これは、『合議体でする裁判の評議は、これを公行しない』と定め、『その評議の経過並びに各裁判官の意見及びその多少の数については、この法律に特別の定がない限り、秘密を守らなければならない』と命じた裁判所法七十五条に明白に違反し、憲法三十二条、三十七条が保障する公平な裁判を受ける権利をあからさまに侵害するものである。」と述べている。

⑥　マスコミの対応

他方、マスコミの対応であるが、不可解なことに全国紙は産経新聞を除き、三月十九日の最高裁事務総長の記者会見を一、二段程度の小さな記事で報じた以外、漏洩疑惑問題に関しては、現在までのところ一度も報じていない。この異様なまでの沈黙振りは、筆者らが最高裁に要望書を提出する際に行った、司法記者クラブでの二度にわたる記者会見の折の、現場記者によるかなり熱心な取材振りとは好対照である。

沈黙の理由としては、推測の域を出ないが、第一に報道された判決内容が「違憲」だったからではなかろうか。つまりこれが「合憲」であれば、恐らく両社以外のマスコミは秘密漏洩を問題視し、大きく取り上げたに相違ない。ところが判決内容が「違憲」となれば、秘密漏洩などと騒ぎたててわざわざ事を荒立て、フイにしてしまいたくない。このような判断が、或いはデスク・クラス以上の人々に働いているのではないかと思われる。

又、両社以外には「他社に抜かれた」との思いがあり、あえて触れたくないのかもしれないし、或いは将来の取材活動や報道さらにはスクープ記事の扱い方をめぐって種々の疑念や思惑が働き、慎重な姿勢をとり続けているのかもしれない。

しかし、もしそうであるとすれば疑問である。漏洩疑惑の解明を求める側は、「報道されている判決内容の当否」を問題にしているわけではなく、あくまで漏洩疑惑という手続的正当性にかかわる部分を問題にしているだけだからである。また、仮に漏洩が事実であったとしても、法的責任を問われるべきは最高裁であって、マスコミの側ではない。なぜなら外務省機密漏洩事件最高裁判決が示している如く、報道目的で行われたのであれば、秘密入手の手段が脅迫や贈賄等、刑罰法規に触れない限り、正当業務行為として違法性が阻却されるからである（勿論、裁判官及び調査官については国家公務員法の適用はないが）。但し、判決期日も決まっていない時点であれだけ大々的に報道を行ったことにより、被告やその家族さらには戦没者遺族ら関係者の被った精神的苦痛は尋常なものでなく、その意味での社会的、道義的責任は免れないと思われる。

このようなマスコミの沈黙の中で、被告側弁護団による最高裁への上申書提出以来、二度にわたる要望書の提出等、この経緯を一貫して報道し続けてきた産経新聞の姿勢は、特筆に値しよう。同紙は、他にも「アピール」欄で三回（三・三、三・六、三・二七）、コラム「斜断機」で一回（三・八）、更に小堀桂一郎教授執筆の「『文明の衝突』としての靖国問題」と題する「正論」（三・一八）や飯田浩史論説委員による「一筆多論」（三・一六）でも繰り返しこの問題を取り上げている。とりわけ「玉串判決は一時凍結を」と題した飯田氏の論文は興味深い。氏は「なんといっても問題が残るのは最高裁の対応」であり、「いくら否定しても朝日、共同の記事を読めば〝漏えい〟があったとしか受け取れない」とした上、「どのような判決が出ても万民を納得させることは不可能」である以上、最高裁が「公正らしさ」（「だれがみても公正な裁判であると信頼される」こと）を保つためには、「判決を一時凍結して、長官を含む十五人の裁判官のうち数人が定年退官、疑惑がもたれていない後任の裁判官が加わって改めて合議するのをまつしかないのではないか。（改行）その結果、漏えいの疑いをかけられた判決と同じ結論が出たとしても、その時は疑惑は完全に晴れていよう。最高裁の信頼回復はこの方法しかないと考える」と主張している。これはまさに常識と知恵を兼ね備えた「正論」ではなかろうか。

⑦　最高裁への抗議——全裁判官の「忌避」そして「訴追」

機密を「漏洩」した上、それを「糊塗」ないし「隠蔽」し、子供騙しとしか思えない通り一遍の釈明でもって幕を引こうとするかの如き最高裁は、三月七日、判決期日を四月二日午後三時と指定してきた。

このような最高裁の態度に対して、被告側では全裁判官の「忌避」ということも検討された。しかし、仮に漏洩者が裁判官であったとしても、現実に特定できていないこと、又、漏洩があったと仮定して、その後の疑惑行動につき全裁判官の連帯責任を求めたとしても、果たして全裁判官の忌避が可能かどうか、更に最高裁が漏洩の事実そのものを否定し続けている以上、それを突き崩すだけの証拠が得られない限り、忌避は認められないであろうとの判断のもと、残念ながらこれは断念せざるを得なくなった。

又、二月八日に退官した可部裁判官を除く全裁判官の訴追状も、国会の裁判官訴追委員会にすでに百数十通以上提出されている模様であるが、これも「忌避」について述べたと同様の理由から、実際にはかなりの困難を伴うであろう。しかし旧軍人の人々を中心に組織されている社団法人「英霊にこたえる会」の会員をはじめ、戦没者遺族らにとってみれば、最高裁の一連の疑惑行動は「裁判官としての威信を著しく失うべき非行」（裁判官弾劾法第二条二号）にあたり、弾劾の対象以外の何者でもなく、今後の帰趨が注目されるところである。(補注1)

⑧　共同通信社「社外秘」文書の発見

判決まで約二週間、被告側にとって手詰まり状態が続く中、新たに発見されたのが共同通信社の『編集週報』第一六六二号（一九九七年二月十五日）に掲載された、「愛媛玉ぐし料訴訟」と題する同社江畑社会部長の以下のような記事であった。

「……愛媛玉ぐし料訴訟で社会部は八日夜、近く予想される最高裁大法廷の判決内容を予測する特ダネ記事を出稿した。」

「わが社だけかと思っていたら敵もさるもの全国紙A紙がほぼ同様の内容を九日付朝刊に打ってきた。」

「しかし社会部の記事は『宗教行事そのものへの支出と言え、過去に社会的儀礼として合憲判断が出た神道式地鎮祭とは同じに扱えない』などとする違憲論が『靖国神社が戦没者慰霊の中心的施設で社会的儀礼の性格が強い』との合憲論を上回った審理経過に踏み込んでいる。」

「また……『目的効果基準』の審理経過についても触れ、はるかに詳しい内容の記事となっている。」

「判決は従軍慰安婦、南京虐殺事件などにかかわる太平洋戦争の戦争責任論に通じる意味を持つ。アジアの国々も注目しているのではないか。だから前例のない特ダネ記事などとはしゃぐ気は毛頭ない。」

「『抗議電話が多数かかった』などとして案の定最高裁から厳しいおしかりを受けた。ここは冷静に判決を待ち、その時こそ現場の労を多としたい。」（傍点引用者）

この『編集週報』は、共同通信社と加盟社のトップ・クラスしか見られない「社外秘」文書であり、右記事には共同通信社が判決および合議の内容を事前に入手したことを窺わせる表現が何ヶ所か見られる。

例えば二回出てくる「特ダネ記事」ということば——。前者では「判決内容を予測する」という説明はついているが、しかしこれは判決が下されていない以上、当然のことである。そして後者には無条件に「前例のない特ダネ記事」とある。「特ダネ記事」といえば、いわゆるスクープ記事のことであり、何かある情報（この場合は判決および合議内容）をつかんだことを示すとみるのが常識である。また仮に取材の積み重ねの結果であるとしても、その推測を裏付けるだけのはっきりした「確証」が得られなければ、判決期日も決まっていないあの時点で、大々的な報道に踏み切れるはずがない。それゆえ、この「特ダネ記事」という言葉だけでも、秘密の漏洩があったことを窺わせるに足るものといえよう。

又、週報は、社会部の記事が「審理経過」にまで踏み込んだものとしているが、昨年四月に大法廷へ回付されてから右報道まで十ヶ月、この間、一回だけ開かれた口頭弁論（平成九年一月二十二日）を除き、審理は全て非公開である。従って超能力でも持たない限り、記者がその「審理経過」にまで踏み込んで書けるはずがない。従ってこれも合議の秘密が漏洩したことを裏づけるものである。

さらに「案の定最高裁から厳しいおしかりを受けた」とあるが、「案の定」といっているのは、それが漏洩記事だからであり、最高裁から「厳しいおしかり」を受けるだけの内容に踏み込んでいたからに他ならない。

そこで三月二十五日の参議院予算委員会では、野間赳議員が再び質問に立ち、右週報をもとに「いくら最高裁が漏洩の事実はなかったということを言っても、共同通信側では、秘密情報を入手していると言っているのと等しいのではないか」と問い質した。しかし最高裁の涌井局長は、相変わらず「合議の秘密が漏洩したとの事実は認められない」との答弁を繰り返すにとどまったため、何人かの議員からしばしば不規則発言（野次）が飛び出し、緊迫した場面が繰り広げられた。

野間議員は、

「国民の公平な裁判を受ける権利は、憲法が保障する最も重要な権利の一つである。そして、裁判が公平に行われればこそ、国民は裁判の内容にいくら不満があろうともそれに服さなければならないのである。残念ながら、本件では公平の中にも公平であるべき最高裁に秘密漏洩という疑惑がもたれているのであり、現状のままではとても公平な裁判とはいえないのではないか。国民の疑惑は解消されず、一層深まるばかりである。国民の支持は決して得られるものではないと思う。」

と述べて最高裁に再調査を迫ったが、涌井局長は「これ以上新たな対応を行うことは考えていない」と要求を突っ撥ねた。このため同議員は、最後に、

「大きく失墜した最高裁の権威を回復して、国民の司法に対する信頼を再び取り戻すためには、まず最高裁自身が国民の疑惑をはっきりと晴らすことではないか。それによって、初めて公平な裁判が実現する。」

と述べ、質疑を終了した。(7)

(1)　拙著『政教分離とは何か－争点の解明－』（平成九年）一八二頁参照。

（2）参議院予算委員会総括質疑速報平成九年三月十一日、二五～二六頁参照。
（3）同右、二四頁。
（4）第百四十回国会参議院法務委員会会議録第三号、一～二頁。
（5）同衆議院法務委員会議録第二号、六～七頁。
（6）参議院予算委員会総括質疑速報平成九年三月十一日、二五～二六頁。
（7）参議院予算委員会、院内放送録画より筆記。なお、第百四十回国会参議院予算委員会会議録第十五号三～四頁参照。
（補注1）裁判官訴追委員会は、これまで（平成九年八月六日現在）、すでに五回開かれており、最高裁からは事務総長、共同通信社から江畑社会部長が参考人としてよばれている。これは極めて異例のことである。又、仄聞するところでは、漏洩疑惑を厳しく追及しているのが自民党の各委員であり、漏洩はなかったとして最高裁を熱心に擁護しているのが共産党の各委員であるとのことであるが、これも大変興味深い。

3　幻の「違憲判決」批判

(1)――新聞報道にみる「違憲理由」

以上述べた「秘密漏洩」疑惑は、もちろん公平な裁判の実現という手続的正当性にかかわる問題である。従って「判決内容」の当否とは無関係に、事件の重大性と事態の深刻さを指摘してきた。

とはいうものの、新聞記事の伝える「違憲理由」は、これまで一、二審での裁判に若干関わってきた筆者の立場からすれば、あまりにお粗末である。それゆえ、あえてこれに反論を加えておくと共に、なぜこのような「判決」が出されるに至ったのか、その背景についても若干言及してみたいと思う。

朝日および共同の伝えるところによれば、玉串料を「違憲」とする根拠は、主に次の三点にあるようである。

第一は、玉串料が「靖国神社という純然たる宗教団体への、神道形式にのっとった金銭提供である」こと（朝日）である。このうち、「神道形式にのっとった」の意味は明らかでないが、被告らは例大祭に直接参列したわけでなく、玉串料も事前に社務所に届けられている。従って「神道形式にのっとった」というのは、単に公金支出の「名目」が「玉串料」とされたということであろう。

第二は、玉串料支出の意図、目的につき、白石元知事側には「あわよくば国家護持に結び付けようとの意図がなかったとは認めにくい」ということ（共同）のようである。

第三は、玉串料が靖国神社の春秋の例大祭という「宗教行事そのものへの支出と言え、過去に社会的儀礼として合憲判断が出た神道式地鎮祭とは同じに扱えない」（共同）と判断されたためである。

勿論、右記事だけでは詳細は分からないが、ここには一審判決で示されたような、玉串料が靖国神社の「祭神」そのものに対する「畏敬崇拝の念」つまり信仰の表明に当るとか、玉串料が愛媛県と靖国神社との間の「結合の象徴」であり、同神社に対する「精神的援助」に当るなどといった理由は最早見られない。(1)

そこで、以下、右の「違憲理由」に対して簡単に反論を加えておくことにする。

(2)――「違憲理由」に対する反論

① 先ず、玉串料支出の対象が、「靖国神社という純然たる宗教団体」であるということであるが、これが果して違憲理由となりうるであろうか。というのは、最高裁によって合憲とされた津地鎮祭訴訟の事案でも、供物料（祭壇（神前）に供えられる供物代金）その他の公金は宗教法人大市神社に支出されているわけであるし、宗教的文化財保護に際しての補助金も、宗教団体に支出されているからである。

又、靖国神社が宗教法人であることは歴とした事実であり、それを出発点として同神社をどう評価するかということが、この裁判における最大の争点の一つであった。そして一審判決でさえ、「靖国神社を戦没者の霊の存在する場所と考え、そこに参拝することによって故人と対面することができるとの感情を抱いている戦没者の遺族その他の関係者は数多いと考えられ、これら多数の者の感情は、国又は地方公共団体が戦没者の慰霊、追悼のための行為を行うに当っても、許される限り、尊重されなければならないというべきである」と述べていた。

他方、被告側は、最高裁に提出した答弁書の中でも、靖国神社の本質は「わが国における戦没者慰霊の中心的施設である」として、次のように主張している。すなわち「靖国神社の本質ないし評価の問題であるが、法的に見れば、靖国神社が宗教法人であり、その意味で、他の一般の宗教団体以上の地位を認められていないのは、事実である。しかしながら、歴史的、沿革的に見れば、同神社が、我が国における戦没者慰霊の中心施設であること、そして現に戦没者を慰霊し、一般国民もこれを戦没者慰霊施設と評価していることは間違いない。」「そこで愛媛県は、あくまで同神社の戦没者慰霊施設としての本質を重視し、評価した上で、玉串料等を儀礼的に支出しただけであって、本件公金支出が『戦没者の慰霊』『遺族の慰藉』という社会的、儀礼的なものにとどまることは国民多数の認めるところである。」と。

にもかかわらず、靖国神社が純然たる宗教法人であるとの単純な理由だけでもって違憲としたのでは、一、二審の議論は一体何のためだったのか。また靖国神社が「宗教法人」であるとの理由でもって違憲とするのであれば、「外形的側面」のみにとらわれることなく、一般人の宗教的評価、当該行為者の意図、目的、一般人に与える効果、影響等を考慮し、「社会通念」に従って客観的に判断しなければならないとした、津地鎮祭訴訟最高裁判決の立場とも矛盾する。同じことは、右「違憲判決」が「玉串料」という「名目」つまり外形的側面のみにとらわれ、「神道作法にのっとって」などと過大に評価している点についてもいえよう。もし「判決」のようにいうのであれば、地鎮祭において神道儀式を主催した上、「宗教法人」に公金を支出し、自ら「玉串奉奠」までした津市長らの行為はどうなるのであろうか。

この点、報道によれば、最高裁は「目的効果基準」そのものについては変更を加えていないとのことである。とすれば、「社会通念」よりも「外形的側面」に拘泥した右判決は、自己矛盾を犯していることになろう。

② 次に、白石元知事が靖国神社に国家護持を目的として玉串料を支出しようとしたのではないかという点であるが、これも疑問であるし、このような認定自体、一審判決と比べて粗雑にすぎよう。

被告側が繰り返し主張してきたように、知事はあくまで昭和二十六年九月十日付の「戦没者の葬祭などについて」と題する行政通達等に基づき、戦没者の慰霊と遺族のための僅かばかりの公金（玉串料は一回五千円）を支出してきただけであって、それは前知事以来の遺族援護行政の一環にすぎなかった。また、昭和五十七年、自治省が玉串料は違憲の疑いがあるとして行政指導を行ったとの新聞報道は為にする虚偽報道であり、[2]知事はその後も国から行政指導や通達がなく、職員も違憲ではないとしていたことから、憲法上問題なしと判断して支出を続けたにすぎない。[3]

他方、県遺族会の大会等において、知事は、戦没者は国の手で慰霊すべきであるとの信念から、いわばスローガン化した「国家護持」という言葉を用いてはいるが、その実体はよく理解しておらず、[4] これはあくまで「政治家」としての発言にとどまる。[5] 従ってそのような「政治家」としての発言のみをもって知事の本意とし、戦没者の慰霊と遺族の慰藉という本来の目的を無視してしまうのは、本末転倒というしかなかろう。

③　第三に、玉串料が宗教儀式そのものへの支出であり、地鎮祭のケースとは異なるとの理由であるが、これも疑問である。

このうち、玉串料が靖国神社の例大祭に支出されたという点であるが、これは愛媛県が春秋の彼岸前後に当たる例大祭を戦没者のための慰霊祭として位置づけ、その慰霊祭に際して支出しただけのことである。玉串料が戦没者の慰霊を目的とするものである以上、それは極めて自然であろう。

また、本件玉串料と、慣習化した世俗的行事である地鎮祭とは異なるとの批判であるが、両者を比較した場合、愛媛県のなした行為（単なる公金の支出）は、その目的、内容からみて地鎮祭のケースより宗教的意義は希薄とみることさえ可能である。というのは、㋑地鎮祭のケースでは、市が自ら宗教儀式を主催した上、神職への報償費および供物料を含む一切の祭典費を支出し、更に市長らがそれに参列して玉串を奉奠するなど、宗教儀式とのかかわりは直接的である。

これに対して本件玉串料のケースでは、県がなした行為は、靖国神社が主催する宗教行事に際して、単に儀礼的に僅かな額の公金を支出しただけであり、知事らは祭典に参列もしていない。従って宗教儀式とのかかわり方も間接的だからである。この点、愛媛県では戦没者の慰霊と遺族の慰藉のため、さまざまな形で公金を支出しており、本件玉串料もその一つにすぎない。(6)

㋺又、「地鎮祭」が「慣習化」した世俗的な行事（因みに、最高裁は地鎮祭を「習俗化」した世俗的行事とはいっていない）であるのに際して、「玉串料支出」は確かに地鎮祭ほど「慣習化」した世俗的行事とはいえないかもしれない。しかし「玉串料」を納める行為は、例えば神社の祭礼に際し、その地域の会社や業界団体などが金員を奉納する場合のように、慣習化した社会的儀礼と見られているケースもあり、県の支出もこれと同様に考えることができる。又、戦没者の慰霊は、どこの国でも行われている普遍的な社会的儀礼的行為である。

この点、地鎮祭はそれ自体が本来、宗教的儀式であり、慣習化し習俗化することによって初めて世俗的行事と評価することが可能であった。これに対して自治体による戦没者慰霊のための公金支出は、それ自体世俗的な、社会的儀礼的行為である。従ってあえて慣習化し習俗化していなくても、宗教的意義はもともと存在しないわけであるから、別段問題とならない。このように考えれば、地鎮祭との比較も違憲の理由とはなりえないであろう。

④　一審判決は、従来の違憲論の中では、恐らく最も精緻なものであり、理論的水準は高かっ

たと考えられる。それに比べると、新聞報道にみる「最高裁判決」の「違憲理由」はあまりにもお粗末であり、通俗的である。従って一、二審での議論の積み重ねは無視されており、再び振り出しに戻ってしまったかの如き印象は否めない。

このように考えると、最高裁の「多数意見」なるものは「違憲理由」の緻密な論理構成の結果出てきたものというよりも、先ず違憲の「結論」ありきで、そこから出発し、「違憲理由」などあとから取って付けたにすぎないのではないかとさえ勘ぐられる。従って、「確信犯的」な違憲論者がたまたま多数を占めたというだけのことではなかろうか。

勿論、これは決して単なるいいがかりではなく、それなりの根拠があってのことである。というのは、報道のあった二月九日の時点で、十五人の裁判官中、九人の裁判官は細川、村山両連立内閣時代に任命された人々であり、その中には政局が混乱する中、従来の内閣では考えられないような人物が任命された例もある。しかも、十五人中、四、五人の裁判官は、当初からほぼ違憲論者であることが推測できた。そのため大法廷への回付を聞いて、正直なところ最も懸念されたのが、このような裁判官の顔振れであった。報道通りとすれば、この心配が的中したことになる。とすると、少なくとも本問題に関する限り、現在の最高裁は、学界は別として、各種世論調査にうかがわれる国民の意識からかなり離れたところに位置するとみなければならないであろう。

⑤　最後に、大法廷では目的効果基準そのものの見直しを求める声もあったようであるが、その理由の一つは、右基準が「曖昧」で明確さに欠けるということであると思われる。そこでこの点についても、一言反論を加えておくことにしよう。

先ず、我が国の下級審判決が合憲、違憲と揺れてきたのは、決して目的効果基準そのものが曖昧だからではない。違憲判決は、いずれも最高裁判決の示す目的効果基準を形式的に採用しておきながら、実はそこから「逸脱」し、「過度のかかわり合い」（箕面忠魂碑訴訟一審判決）や「象徴的結合の理論」（本件一審判決）等、最高裁判決にはない別の厳しい基準を採り入れ、厳格に解釈したからに他ならなかった。このことは、最高裁判決を忠実に踏まえた判決が、いずれも合憲とされていることから明らかであろう。従って、目的効果基準は確かに限定分離のためのゆるやかな基準ではあるが、決して曖昧な基準ではないと考えられる。又、判決の「揺れ」とはいっても、昭和六十三年の殉職自衛官合祀訴訟最高裁判決によって、最高裁で目的効果基準が確立してからは、下級審でも違憲判決の数は極めて限られており（しかも本件一審判決以外は、いずれも一部違憲ないし「傍論」にとどまる）、最近ではすでに下級審においてさえ、合憲判決の流れがほぼ定着していたと考えられる。

次に、最高裁の示す目的効果基準ではゆるやかすぎて、何もかも合憲とされてしまい、政教結合の「歯止め」となりえないのではないかとの批判である。しかしこれまで我が国で裁判になった例などは、欧米諸国ではもともと問題となりえないような事案ばかりといっても過言ではなかろう。

例えば、同じような政教分離国であるアメリカの様々な宗教的慣行、具体的には大統領就任式、国葬、戦没者追悼式などにみられるユダヤ・キリスト教的儀式、議会、裁判所、軍隊、刑務所、病院等における専属牧師・神父（チャプレン）、連邦最高裁にある十戒を携えたモーゼ像や連邦議会議事堂にある礼拝堂などの例と比較するならば、我が国における建築着工に当っての地鎮祭、仏式公葬、忠魂碑や地蔵像などのための公有地貸与、戦没者慰霊のための儀礼的な公金支出など、国や地方公共団体と宗教とのかかわりは極めて限られている。従って、これらの事案がいずれも合憲とされたのは、当然といえば当然であろう。

（1）これらの理由に対する批判は、本書第一章二一頁以下および二四頁以下等参照。
（2）同右八～九頁。
（3）白石元知事証拠調調書（平成三年）一四八、一五五～一五七段。
（4）同右、九〇、九三～九四段。
（5）同右、七五段。
（6）本書第一章一三～一四頁参照、二三二頁。

4　おわりに

以上、「事前漏洩」事件の経緯を中心に述べてきたが、そこで問題とされたのは、秘密漏洩は勿論、公平な裁判の実現ということであった。この点、「自由の歴史は、大部分手続的保障の歴史であった」といわれることがあることからも明らかなように、公平な裁判を受ける権利は、国が保障する国民の最も重要な権利の一つといってよい。しかし一連の疑惑行動の中、果して現在の最高裁において公平な裁判を期待することは可能であろうか。

判決は明後日に迫っており、仮に合憲ということになれば、想像されるのは、①漏洩があったため、その後の合議によって違憲判決が見直されたか（この場合、例えば漏洩によって中間派が合憲に傾いたことなどが考えられよう）、②報道記事そのものが実は「がせネタ」に基づくものであったか、或いは両社による捏造記事であった場合であろう（恐らく、これはありえない）。逆に違憲判決であって、違憲理由も報道通りということになれば、漏洩を決定的に裏づけることになろう。(補注2) また漏洩により、違憲理由のみ書き変えられる可能性も考えられよう。その場合、どのような理由が付けられるのか注目される。

しかしいずれにしても、「秘密漏洩」問題は、判決によって終止符が打たれるわけではない。

再発防止のためにも(補注3)、更に徹底した真相究明が続けられなければならないであろう。舞台は国会の裁判官訴追委員会に移るわけであり、失墜した最高裁の威信を再び確立し、国民の信頼を取り戻すためにも、この際徹底的な責任追及がなされなければならないと思われる。(補注4)

（平成九年三月三十一日脱稿）

（補注２）　その意味では、四月二日の判決内容は、漏洩を決定的に裏づけるものといえよう。ただし「違憲理由」については、漏洩記事と全く同一であるのは不都合であると考えたからであろうか、先に述べた三点のうち、第二点（白石元知事の靖国神社「国家護持」の意図）のみ削除されている。しかしその結果、皮肉なことに、判決では七人の被告のうち唯一人責任があるとされた、肝腎の白石元知事の玉串料支出の「意図、目的」――これは極めて重要なはずである――が何も示されないことになってしまった。

（補注３）　現行裁判所法（第七五条二項）では、裁判官に秘密保持の義務が課せられているものの、違反した場合の「罰則」は定められていない。これは勿論、裁判官自身の自律を期待すると共に、検察の司法への介入を嫌ったためであろう。しかし今回のように、「漏洩」がありながら、最高裁とマスコミの双方が口裏を合わせて、最後まで否定し続けた場合には、どうにも対応できないことになる。このようなことは恐らく法も予測しなかったことであろうが、現実にこのような事態が発生している以上、「罰則」が存在しないのは「法の不備」といわねばなるまい。

（補注４）　裁判官訴追委員会では、決定的な証拠がないため、一票差で不訴追の決定がなされたとのことである。

第3章　愛媛県玉串料訴訟最高裁判決をめぐって

1　はじめに

「戦没者の慰霊と遺族への慰藉」のため、愛媛県が靖国神社に対して玉串料（一回五千円、春秋二回）と献灯料（七千円、後に八千円）を、地元愛媛県遺族会に対して供物料（一回一万円、春秋二回）を公金から支出したことが憲法二十条三項及び八九条に違反するかどうかが争われてきた愛媛県玉串料訴訟において、最高裁大法廷は、去る（平成九年）四月二日、公金支出を違憲とする判決を下した。

判決は、昭和五二年の津地鎮祭訴訟大法廷判決において最高裁が定立し、その後殉職自衛官合祀訴訟（昭和六三年）、箕面忠魂碑・慰霊祭訴訟判決（平成五年）等を通じて確立した、緩やかな政教分離解釈の基準である「目的効果基準」を維持したものの、玉串料等の支出の合憲性については極めて厳格に解釈し、明らかに自己矛盾を孕むものであった。また、判決は目的効果基準を採用しておきながら、肝腎の本件玉串料支出等の「目的」や「効果」については具体的な判断を示さないまま強引に違憲の結論を導き出している。更に、それ以外にも、判決には恣意的とみられる解釈が散見され、同じ違憲判決とはいえ、総じて一審判決よりも粗雑なものとなっているように思われる。

このため、後述のように、判決の結論を支持する憲法学者の間でさえ、結論に至るプロセスの曖昧さや、目的効果基準の適用の仕方等について、様々な疑問ないし批判が提示されており、例えば『ジュリスト』(平成九年六月一五日号)の特集では、横田耕一教授、戸松秀典教授、野坂泰司教授らが、「多数意見」や「意見」の問題点を大なり小なり、様々な形で指摘しておられる。また、本来なら判決を支持する立場から、当然特集を組んでもおかしくないはずの『法律時報』や『法学セミナー』でさえ、これまで各一、二本の論文を掲載しただけで、なぜか特集を組むには至っていない。

そこで、本稿では、旧稿(「愛媛玉串料訴訟最高裁判決の問題点」『法律のひろば』一九九七年七月号)をもとに、その後公刊された幾つかの判例批評等も参考にしながら、改めて本判決の問題点を整理してみることにした。これにより、判決に対するより客観的な評価が可能になると思われるが、同時に本稿筆者によるこれまでの批判[1]が、決して一人よがりのものでなかったことも、理解して戴けるものと考える。

なお、判決の約二カ月前の二月九日には、朝日新聞と共同通信配信の地方各紙が「玉ぐしに公費　違憲の公算」「最高裁大法廷　政教分離で初判断へ」などといった大見出しのもと、一面トップで判決内容についての詳細な事前報道を行なっている。この新聞記事の内容や、六回にわたる国会各委員会での最高裁に対する質疑、あるいはその後発見された共同通信社の社外秘資料『編集週報』（第一六六二号）の記事からみて、判決の「事前漏洩」は間違いないものと確信している。にもかかわらず最高裁は、漏洩の事実は一切ないと断言しつづけ、再調査もしないまま、判決を強行した。従って本判決は、内容的に疑問であるだけでなく、手続的にみても極めて問題の多い判決であるが、本稿は判決内容の批判にとどめることにした。

（1）　例えば朝日新聞へのコメント「形式的な自己矛盾判決」（平成九・四・三）、「失墜した最高裁の威信―玉串料判決の『漏洩』と自己矛盾」『月刊日本』（平成九年六月号）（拙著『政教分離とは何か―争点の解明―』平成九年刊に収録）等でも、同様の批判を加えてきた。

2　大法廷判決（多数意見）の問題点

(1)――判決にみる自己矛盾

①　第一に、本件玉串料支出を違憲、違法とした多数意見は、一方で限定分離説に立つ緩やか

な「目的効果基準」を採用しておきながら、他方では玉串料支出の合憲性を判断するにあたり、きわめて厳格な解釈を行っており、これは明らかに自己矛盾であるといわざるをえない。

津地鎮祭訴訟大法廷判決以来、最高裁が採用してきた目的効果基準に対しては、政教分離解釈の基準として緩やかすぎるとの批判が、かねてより厳格分離論者によって繰り返されてきた。

例えば、芦部信喜教授は、「目的効果基準」は、「レモン・テストと比べますと、相当に緩やか」で、「国家と宗教とのゆるやかな分離を是認する可能性がある（津地鎮祭最高裁判決のように、行為者の宗教的意識まで考慮要素とすれば、この可能性は大きい）」とされ、「日本ではアメリカと違って、国の宗教へのかかわり合いを相当の程度まで認める緩やかな基準として用いられてきた」と述べておられる。また、横田教授も、最高裁の目的効果基準はレモン・テストの三つの基準のうち「過度のかかわり」を独立の基準としていないため、「米国のテストを緩和したものとなっている」と批判的である。

さらに、栗城壽夫教授はいわゆる「象徴的結合論」を用いることによって厳格に解釈し、本件玉串料支出を違憲とした一審判決について、「本判決は、最高裁判決と同一の判断基準を採用しながらその適用において大きな隔たりを示したと見るよりは、むしろ、言葉のうえで同一の判断基準を用いながら、実質的には異った判断基準を用いたと見るべきだということになるであろう」と述べ、最高裁の示す目的効果基準が実質的には一審判決と相容れない緩やかな基準であることを認めておられる。

加えて、本判決において、目的効果基準を「目盛りのない物差し」であるとまで批判した高橋裁判官の「意見」も、多数意見が「国家が実際上宗教とある程度のかかわり合いを持たざるを得ないことを前提とした上で〔云々〕」と述べている点につき、憲法の原則はあくまで「国家はいかなる宗教的活動もしてはならない」のであり、目的効果基準を採用した多数意見は「前提条件を逆転している」と厳しく批判している。

従って、過去の最高裁判例を見れば自明のことではあるが、これら厳格分離論者の見解をもとにして考えてみても、わが国の目的効果基準が緩やかな政教分離解釈の基準であることは間違いなかろう。

それゆえ、この基準に従うならば、国家と宗教については、相当限度を超えない限りかかわり合いが認められることになり、仮に国や地方自治体の行為の宗教的意義は否定できなくても、世俗目的によるものであれば許されることになる。現に問題とされた神道式地鎮祭の場合、もともと宗教的儀式ではあるが、今日ではその宗教的意義は希薄化しており、当該神職にとって宗教的意義は否定できなくても、これを主催した市長や一般市民からすれば、建築着工に際しての慣習化した世俗的行事にとどまるとして合憲とされたわけであった。そして本判決でも多数意見はこの緩やかな基準であるはずの目的効果基準を採用した。

とすれば、遺族救護行政の一環として儀礼的に支出された、一回わずか五千円の玉串料等が世俗目的であることは疑うべくもなく、目的効果基準に照らして合憲と判断することは自然であろう。

にもかかわらず多数意見は、玉串料支出について極めて厳格な解釈を行い、たとえ社会的儀礼としての側面があったとしても、宗教的意義が否定できない以上公費支出は許されないとした。つまり論理が完全に逆転しているわけであり、これはどうみても自己矛盾というしかない。

この点、奥平康弘教授は、「私が一番気になるのは、総論〔目的効果基準〕と各論〔そのあてはめ〕との整合性ということであ」り、両者が「ちゃんと整合しているだろうかという点に疑問が生じる」と正当に指摘しながら、両者は「相対的に独立」したものであり「矛盾」ではないなどと奇妙な弁護をしておられる。しかしながら、そもそも「基準」あっての「適用」のはずであり、その点において整合性が欠けている以上、これは「矛盾」以外の何物でもなかろう。(6)

従って、本判決は、基本的な論理構成においてすでに破綻をきたしていると思われる。

② ちなみに、多数意見が一方で目的効果基準を採用しておきながら、他方で玉串料につき、厳格な解釈を行なった唯一の根拠は、「憲法制定の経緯」に照らしてということであった。つまり、「明治維新以降国家と神道が密接に結び付き種々の弊害を生じたことにかんがみ政教分離規定を設けるに至ったなど…憲法制定の経緯に照らせば、たとえ相当数の者がそれ〔玉串料の奉

納〕を望んでいるとしても、……憲法上許されることになるとはいえない。」としたわけである。

しかしながら、多数意見のいうように、たとえ相当数の者が望んでいる儀礼的なものであっても、「憲法制定の経緯」に照らすだけで許されないということになれば、目的効果基準などそもそも不要なはずである。これでは、一体何のための目的効果基準であろうか。このことは、同様の論法を用いて玉串料を違憲とした本件一審判決についてすでに批判済み(7)であるが、最高裁の多数意見は、この批判を全く無視して、再び同じ論法を採用した。そこで改めてその論理矛盾を指摘しておくことにする。

そもそも、最高裁大法廷が津地鎮祭訴訟判決において、目的効果基準を採用した理由は次のとおりであった。（そして、本判決もこの立場をそのまま踏襲している）。すなわち、(a)戦前、国家と神道が密接に結びつき種々の弊害を生じたこと等にかんがみて「憲法は政教分離規定を設けるに当たり、国家と宗教との完全な分離を理想とし」た。(b)しかしながら「現実の国家制度」として、国家と宗教との完全な分離を実現することは実際上不可能に近い。また、完全な分離を貫こうとすれば、かえって社会生活の各方面に不合理な事態を生じる。(c)そこで国家と宗教との分離には一定の限界があること、そして国家は実際上、宗教とある程度のかかわり合いを持たざるを得ないことを前提とした上で、そのかかわり合いがいかなる場合にいかなる限度で許されないこととなるかが問題となる。(d)しかしてその際、国家と宗教とのかかわり合いが相当とされる限度を超えるかどうかを判断するための基準として採用されたのが「目的効果基準」であった。

つまり、判決によれば、「憲法制定の経緯」から導き出されるのは「完全分離」であるが、それが非現実的であり、問題があるとして採用されたのが、「目的効果基準」であった。従って、最高裁が目的効果基準を採用した理由は、決して「憲法制定の経緯」などではない。あくまで「現実の国家制度」として政教分離の限界を考えたからに外ならない。にもかかわらず、ここで再び「憲法制定の経緯」なるものを持ち出して、それを根拠に政教分離を厳格に解釈するというのでは、目的効果基準そのものの否定であって、これでは矛盾も甚だしい。

それ故、本判決が目的効果基準を採用しておきながら、「憲法制定の経緯」なるものをもとに極めて厳格な解釈を行なったことは、論理的に考えて明らかに誤りであって、到底支持することはできない。

(2)――「目的」と「効果」の明確な認定なしに違憲と断定

①　第二に、判決は目的効果基準を採用した上、「ある行為が右にいう宗教的活動に該当するかどうかを検討するに当っては、当該行為の外形的側面のみにとらわれることなく、当該行為の行われる場所、当該行為に対する一般人の宗教的評価、当該行為者が当該行為を行うについての意図、目的及び宗教的意識の有無、程度、当該行為の一般人に与える効果、影響等、諸般の事情

を考慮し、社会通念に従って、客観的に判断しなければならない」と述べておきながら、肝腎の玉串料支出の「目的」及び「効果」については具体的かつ明確な認定を行わないまま違憲と断定しており、説得力を欠くものといわざるをえない。

すなわち判決は、(a)玉串料が神社にとって宗教的な意義を有すること、(b)一般人が玉串料の奉納を社会的儀礼の一つにすぎないと評価しているとは考え難いこと、の二点をもって宗教的意義は否定できないと即断した。しかしこの論法をもってすれば、(a)神道式地鎮祭も神社および神職にとっては宗教的意義を有すること、(b)一般人が神道式地鎮祭を社会的儀礼の一つにすぎないと評価しているとは考え難いことから、最高裁自身が世俗的目的で行われたと認定したはずの地鎮祭まで、宗教的意義を有することになってしまう。従ってこの認定の仕方は問題である。問われているのは、あくまで玉串料を支出した県の意図、目的及び宗教的意識の有無、程度や一般人の宗教的評価でなければならないはずである。

この点、多数意見は、「当該行為者〈知事ら〉が当該行為〈玉串料等の支出〉を行うについての意図、目的及び宗教的意義の有無、程度」については具体的かつ明確な認定を行っておらず、単に「被上告人らは、本件支出は、遺族援護行政の一環として、戦没者の慰霊および遺族の慰藉という世俗的な目的で行われた社会儀礼にすぎない……と主張する」と指摘するのみである。そしてその主張を「是認することができる」としておきながら、「憲法制定の経緯に照らせば」玉串料支出は認められない、と議論をすり替えている。

それゆえ判決は、玉串料支出が宗教的意義を有することを明確かつ正当に認定したとはとても思えない。

ちなみに、判決が七人の被告のうち白石元知事のみに責任ありとしているにもかかわらず、肝腎の白石被告の玉串料支出の「意図、目的」について一切言及していないのは、実に奇妙である。想像するところ、最高裁は「違憲理由」が、前章で述べた新聞の「漏洩記事」と全く同一であるのは不都合であると考えたため、「白石元知事の靖国神社国家護持の意図」（共同通信配信記事）の部分は削除した。このため皮肉なことに、判決からは白石元知事の玉串料支出の「意図、目的」が完全に抜け落ちてしまうことになった。――このように考えると納得がいく。

次に玉串料支出の「効果」であるが、この点についても多数意見は、「地方公共団体が特定の宗教団体に対してのみ本件のような形で特別のかかわり合いを持つことは、一般人に対して、県が当該特定の宗教団体を特別に支援しており、それらの宗教団体が異なる特別のものであるとの印象を与え、特定の宗教への関心を呼び起こすものといわざるを得ない」と述べているだけである。従って、大原康男教授が指摘されるように、「実に主観的で曖昧な推認によって『効果』を認定している」ことになり、「現実的かつ具体的に〔特定宗教に対する援助の〕『効果』があることを裏づける根拠は何も示されてはいない(8)」とみるのが正しいのではないかと思われる。

なお、日比野勤教授も、「効果につきましても……後段の『社会に与える無形的なあるいは精神的な効果や影響をも考慮すべきである』と言っている点が、従来の最高裁が言うところの目的効果論の効果との関係で、同じものと言えるのかどうか……やや疑問が残るわけです[9]」と述べておられる。

② このように判決は玉串料支出の「目的」と「効果」につき具体的かつ明確な認定をなしえないまま、違憲と断定しており、説得力を欠くといわざるをえない。これは恐らく違憲の結論が先にあり、後で基準をくっつけたからに外ならないからであろう。事実、奥平教授も、目的効果基準は「さいごの段階で引き合いに出し、辻褄合わせに使っただけのこと」であると指摘されて[10]おり、この点は、正鵠を射たものと思われる。

判決が、初めに違憲の結論があり、後で目的効果基準をくっつけたに相違ないことは、前章で触れた共同通信配信の「漏洩記事」と本判決を読み比べてみれば、容易に想像がつく。

漏洩記事は非公開である大法廷の審理経過についても触れ、「大法廷の審理では、目的効果基準ついて『基準としての明確さに欠ける』との批判から新たな基準づくりを求める意見も出たが、審理にかける時間に制約もあって見送られ、最終的に同基準に沿って結論が出される見通しだ」と述べている。これは判決〔意見〕の中で、高橋、尾崎、園部裁判官らが目的効果基準に強く反対していることと符合する。そして恐らく、これらの裁判官が玉串料支出の違憲性を強力に主張し、ともかく違憲論が多数派を形成することになったのであろう。しかし違憲の結論は出たものの、それを導くための基準については最期まで検討が続けられ、結局目的効果基準に代わる新たな厳しい基準を作り出すまでには到らなかった。そのため、やむをえず従来の緩やかな基準をそのまま踏襲することになった。判決が木に竹を継いだような矛盾したものとなったのはそのためである。

このように考えるならば、判決が前段と後段とで矛盾している理由も全て説明がつく。ちなみに、横田教授も、「私が疑問に思うのは、……多数意見は、結論を導くにあたって、目的効果基準を具体的には使っていない形になっているのではないかという問題です。目的がどうであったのか、効果がどうであったのかという具体的判断が明示的に示されておらず、いきなり結論が出てきているわけです。」「例えば、知事がどういう目的でお金を出したのか、その場合判断は主観的要素だけでいいのか、客観的要素も要るのかというような議論が従来からありますが、そういう問題が全部素通りされているわけです。効果においても、……宗教を助長するかどうかという効果の判断にあたってどういう効果を見るべきなのか、そして本件ではどうなのかというところが抜けているのではないでしょうか。[11]」と疑問を提起しておられる。

同様に、野坂泰司教授も判決の結論は妥当なものとしつつ、「〔多数意見が〕違憲の結論を導く判断過程は、厳密な論証を欠〔く〕[12]」と問題点を指摘しておられる。

③　この点、玉串料支出を合憲とした可部裁判官の反対意見は、「津地鎮祭大法廷判決の定立した〔目的・効果〕基準に従い、その列挙した四つの考慮要素を勘案すれば、〔本件は〕自然に合憲の結論に導かれる」とした上、「当該行為の行われる場所」「当該行為に対する一般人の宗教的評価」「当該行為者の意図、目的、宗教的意識の有無、程度」それに「当該行為の一般人に与える効果、影響」を具体的かつ詳細に検討しており、はるかに説得力に富む。

このような評価は、横田教授、戸松教授、野坂教授にも共通するところがある。例えば横田教授は、津地鎮祭訴訟最高裁判決の示す目的効果基準を忠実に適用して合憲と判断した可部裁判官の「反対意見」について、一方で疑問を呈しつつも、「いままでの日本の裁判官と違って、先例を重視し、それに依拠して判断をしていくという一つの憲法判断のあり方を示している点が面白いのです。」「同じ基準を使うなら、おそらく、こうした使い方をするしかないですね。」と述べ、戸松教授も「私もそう思います。……これは裁判のあり方としては、結論は別として評価できるものではないかと思います。」「だから、むしろ多数意見の……議論よりも、こういう議論の方が有意義というか、説得力があると思います。」と応じておられる。[13]

同様に野坂教授も、「その〔可部裁判官の反対意見の〕判断過程は多数意見のそれに比して、数段すぐれたものと評価することができると思われる。[14]」と述べており、さらに芦部教授も、一方でその問題点を指摘しつつ、次のように高く評価しておられる。「可部反対意見のアプローチは、裁判官の法解釈、憲法判断のあり方としてオーソドックスなもので、さすが可部裁判官ならではの綿密な論理構成だと思います。[15]」

また、可部裁判官は、「印象」や「可能性」といった抽象的な観念をもとに判断を行えば、違憲審査権の行使は恣意的にならざるをえないとし、多数意見のいう「援助、助長、促進に至っては、およそその実体を欠き、徒らに国家神道の影に怯えるもの」であると厳しく批判している。

ちなみに、多数意見は一審判決の焼直しとみられる[16]が、実は一審判決よりも粗雑であり、既に述べたように論理的にも矛盾している。その理由としては以下のことが考えられよう。

すなわち、一審判決は形式的には目的効果基準を採用しつつ、その中に別の基準を導入することによって厳格な解釈を行い、玉串料支出の違憲性を帰結した。別の基準とはいわゆる「象徴的結合論」と「精神的援助論」である。このような手法は勿論、目的効果基準からの「逸脱」であり疑問だが、しかし緩やかな基準である目的効果基準の中に厳格な基準である「象徴的結合論」や「精神的援助論」を持ち込み、それによって厳格な解釈を行うやり方には、それなりに論理一貫したところがある。

これに対して多数意見は、目的効果基準を採用しておきながら、直ちに一審判決と同様の結論を帰結させてしまったために、論理的に明らかに矛盾したものとなった。つまり、一審判決が採用した「象徴的結合論」や「精神的援助論」などの別の基準を、目的効果基準の中に持ち込むことができないまま違憲の結論を出してしまったわけである。それは恐らく、両理論に対しては、二審段階で既に徹底的な批判が加えられており[17]、最高裁としても、もはやそれをそのまま導入するわけにはいかなかったためであろう。そのため（実際には先に指摘した如く、玉串料支出を違憲とする結論があり、目的効果基準は後で「辻褄合わせ」のため引き合いに出しただけであろうが）、その意図に反して、論理的に全く辻褄の合わない矛盾した判決となってしまったのではなかろうか。

(3)――「社会通念」を無視し、「外形的側面」のみにとらわれた法解釈

第三に、判決は「玉串料」という「名目」や、支出の対象が「宗教団体」の「例大祭」であることのみを強調している。しかしながらこのような「外形的側面」のみにとらわれた評価の仕方は、判決の前段で述べられている判断方法、つまりある行為が宗教的活動に該当するかどうかを検討するに当っては、「外形的側面」のみにとらわれることなく、「社会通念」に従って判断すべしとした部分と明らかに矛盾する。もし多数意見と同様の論法を用いるとすれば、地鎮祭の場合、「宗教法人大市神社」の「神職」四人が主宰する「神道式地鎮祭」を市自身が主催した上、「供物料」等の公金を支出し、さらに市長自らその「宗教儀式に参列」し、「玉串奉奠」まで行っており、その宗教性や宗教とのかかわり方は、単なる玉串料支出の比ではなかろう。

ちなみに大法廷判決は、愛媛県が例大祭に際し玉串料を「奉納」したと述べている。しかし、実際には、東京事務所の職員が事前に、通常の封筒に入れて靖国神社の社務所に持参しただけであって、玉串料の「名目」も単にその旨口頭で伝えていたにすぎない。また、知事も職員も例大祭の祭典には参列しておらず、もちろん玉串奉奠などしていない。

従って、可部裁判官がいみじくも指摘しているように（そしてこれは、被告側の主張でもあるが）、津市の行為（地鎮祭の主催、式典への参列、玉串奉奠および公金の支出）と愛媛県の行為（公金の支出）を比較した場合、前者は社会的儀礼にすぎないが後者はそうとはいえないとするのは、著しく評価のバランスを失しているといわざるをえない。

(4)――靖国神社に対する誤解と偏見

第四に、靖国神社に対する評価であるが、多数意見および園部裁判官の意見は同神社がわが国における戦没者慰霊の中心的施設であることを故意に無視し、単に一宗教団体にすぎないと決め付けている。しかしながら、このような論法は、津地鎮祭訴訟最高裁判決に示された「二面性」という考え方を無視したものであって、首肯できない。

右判決は地鎮祭の二面性について触れ、「神職」にとってみれば地鎮祭は宗教儀式に他ならないとした上で、あくまで「市長」や「一般人」の評価を問題とし、地鎮祭は慣習化した世俗的行事にすぎないと評価した。

この論法に従うならば、三好長官の反対意見が述べているように、靖国神社は宗教法人である（占領下、靖国神社にとって「宗教法人」となる以外に、存続の途はなかった。したがって何も好んで宗教法人となったわけではないのだが）とはいえ、「多くの国民の意識」では、依然として「戦没者を偲び、追悼し、慰霊する」ための「中心的施設」となっているとみるべきであろう。また同神社の「例大祭」や「みたま祭」も「靖国神社」からすれば重要な宗教儀式であるけれども、「多くの国民や遺族」からすれば、戦没者の追悼、慰霊の行事としての意識が強く、「祭神を信仰の対象としての宗教的儀式という意識は、必ずしも一般的ではない。」

事実、このことは各種世論調査[18]によって裏付けられている。例えば、昭和六十年八月に行なわれた首相による靖国神社公式参拝であるが、連日にわたるマス・メディアからの批判にもかかわらず、八月の総理府の調査では七二パーセント、十月のＮＨＫ調査でも六一・五パーセントの国民が公式参拝を支持している。

また外国からの評価も同様であり、戦前、戦後を通じて、わが国を訪れた国賓や公賓あるいは軍隊なども、戦没者に対する「表敬」目的で、繰り返し靖国神社公式参拝を行なってきた。一つの興味深い例をあげるならば、満州事変の翌年（昭和七年）、国際連盟より派遣されたリットン調査団が来日しているが、その折りには、リットン卿（イギリス）、クローデル将軍（フランス）、マッコイ将軍（アメリカ）等も靖国神社を公式参拝している。[19] この一事をもってしても、靖国神社が決して軍国主義の象徴等といったおどろおどろしい存在ではなかったことが理解できよう。

そしてこのような外国からの参拝は、現在でも続けられており、例えば平成元年にはアメリカ横須賀基地司令官、三年にはチリ国通産大臣、四年にはスリランカ大使、フィンランド特命大使、五年にはリトアニア共和国首相、タイ王国空軍司令官補佐、七年にはミャンマー国文化大臣、パラオ共和国政府顧問、ドイツ駐在武官らが参拝している。そして内外からのこのような評価こそが判決のいう「社会通念」というものではなかろうか。

(5)——被告側の主張のすり替え

最後に、判決は愛媛県が靖国神社に対してのみ玉串料を支出し、他の宗教団体には玉串料を支出していないことを論難しているが、これは被告側の主張を故意にすり替えたものといえよう。

被告側は、県が玉串料、献灯料（計一万七千円）以外にも「戦没者の慰霊と遺族への慰藉」という同じ世俗目的でもって、全国戦没者追悼式（一万円）や千鳥ケ淵戦没者墓苑での春秋の慰霊祭（一万五千円）、更に沖縄県にある県出身戦没者のための慰霊碑（二十一万八千円）にも公金を支出しているにもかかわらず、対象が宗教団体であるとの理由だけで靖国神社に対しては支出できないとなれば、それは宗教による差別に当たると主張してきた。そしてこの論理は、一般の私立学校に助成金を支出しておきながら、宗教系の私立学校であるというだけで助成できないとなれば、それは「宗教による差別」であるとして、宗教系私立学校への助成も認める厳格分離論者たちの論法をそのまま採用しただけである。にもかかわらず判決は、右主張を故意にすり替えて逆に県を批判したわけであるが、なぜ県が靖国神社以外の何でもない宗教団体に玉串料を支出しなければならないのであろうか。又、他の宗教団体にも支出していれば、靖国神社への支出も可能というのであろうか。

ちなみに判決は、玉串料を支出することが靖国神社を特別視することになるというが、これは逆である。実際は、靖国神社が歴史的にも現実にも戦没者慰霊の中心施設であり特別のものであるが故に、僅かではあるが公金が支出されたというにすぎない

(1) 芦部信喜「国家の宗教的中立性」『法学教室』一九八七年一〇月号一六頁。
(2) 同『憲法』(一九九三年)、一三〇頁。
(3) 同「インタビュー　芦部信喜先生に聞く」『法学教室』一九九七年八月号六頁。
(4) 横田耕一「日本国憲法における『政教分離原則』」『社会科学論集』第三二集(一九九二年)、二〇頁。
(5) 栗城壽夫「最新判例批評一二五」『判例時報』一三三四号一八一頁。
(6) 奥平康弘「愛媛玉串料訴訟大法廷判決について(上)」『時の法令』平成九年四月三〇日号三七頁。
(7) 本書第一章七一頁以下。
(8) 大原康男「靖国玉串料『違憲判決』　最高裁はどうかしている」『諸君!』一九九七年六月号三〇頁。

(9) 芦部・前掲インタビュー、一三頁。
(10) 奥平・前掲論文、三七頁。
(11) 戸松秀典・長谷部恭男・横田耕一「鼎談　愛媛玉串料訴訟最高裁大法廷判決をめぐって」『ジュリスト』一九九七年六月一五日号一〇頁。
(12) 野坂泰司「愛媛玉串料訴訟大法廷判決の意義と問題点」前掲『ジュリスト』三四頁。
(13) 横田・戸松・前掲鼎談、二一頁。しかし、前述の如く一方で多数意見を批判し、他方で可部反対意見をこのように高く評価しておきながら、なおかつ違憲の結論のみを支持されるというのは理解できない。
(14) 野坂・前掲論文、三五頁。
(15) 芦部・前掲インタビュー、九頁。
(16) 従って、本判決の孕む問題点については、二審段階でほぼ批判済みといっても過言ではなかろう。この点、一審判決に対する詳細な批判は、本書第一章を参照。
(17) 本書第一章二一頁以下および二四頁以下、三九頁以下を参照。
(18) 本書第一章三四頁、注(8)参照。
(19) 靖国神社編『靖国神社百年史　事歴年表』(昭和六二年)、三頁。本書、巻末「資料(2)」を参照。

3　「意見」の問題点

①　このように多数意見は、非常に疑問の多いものといわざるをえないのであるが、それに輪

をかけたのが高橋、尾崎、園部裁判官らの「意見」である。

例えば、高橋、尾崎両裁判官は、憲法二〇条三項が「国およびその機関は、……いかなる宗教的活動もしてはならない」（傍点、引用者）と規定していることを根拠に、憲法の政教分離を完全分離であると主張する。しかしこの程度の単純な「法解釈」でもって憲法を論ずることができるのであれば、最高裁など不要であろう。

このような文字解釈は、憲法施行以来、五十年にわたって行われてきた「運用」、例えば刑務所における宗教教誨や宗教系私立学校への助成、あるいは公立学校における宗教的情操教育を可とした制憲議会以来の「解釈」、および「特定の宗教のための宗教教育」のみを禁止した教育基本法、さらには各種政教分離「判例」の積み重ねを完全に無視した独断的なものであって、とうてい支持することはできない[1]。

この点、「高橋意見、尾崎意見は相当の説得力をもった意見だと思」[2]うとの支持者もいないではないが、両意見に対しては学説からも批判が多い。例えば戸松教授は「私は、どうも従来の最高裁の憲法裁判の傾向からいって、たとえ政教分離原則違反事件に限るとしても、こんなに厳しい基準が果たして採用できるものかどうか疑問に思っています[3]。」といい、松井教授も「高橋、尾崎両裁判官が二〇条三項について、許されないとする『宗教的活動』の定義を明確に示しているとは思われない。政府が宗教とかかわり合いを持ちながら憲法二〇条三項に反しない場合があるとすれば、その例外的な場合を裁判所が判断する明確な基準が示されているとも思われない。これでは、裁判所の適用する合憲性判断基準としては機能しないであろう。(4)」と批判的である。

このうち、高橋意見は、津判決の示す目的効果基準を「いわば目盛りのない物差し」などと批判している。しかし、これに対して芦部教授は、「目的効果基準が、高橋意見のいう『いわば目盛りのない物差し』かどうかというと、私は必ずしも早急にそう断定できないのではないかと思っているのです。(5)」といい、大石教授も、高橋意見は目的効果基準に代わる「具体的な代替判断基準を積極的に示すまでには至っていない。(6)」と批判しておられる。

従って、高橋裁判官は、目的効果基準をもって「目盛りのない物差し」などと論難しているわけであるが、管見によれば、同裁判官の「意見」はその物差しに代わる「別の物差し」も何も示さないまま、つまり「物差し無し」で解釈しているに等しい。同裁判官としてみれば、従来の厳格分離説を拠り所に、目的効果基準を厳しく批判し、憲法学者達の喝采を期待したのかもしれない。しかし、かつて同基準に対してかなり厳しい批判をしてきた人々の間でさえ、最近では肯定的な声も上がってきており、このような学界の動向を高橋裁判官はご存じなかったようである。

また、尾崎意見の示す代替基準についても、大石教授は、「決して明快とは言いがたい」とし、その前提とする「国家と宗教の完全な分離」については、「一体、どういう形の制度的なしくみを指すのであろうか。その規範的内容を明らかにしないことには、いわゆる完全分離は、憲法解釈原理としては無意味[7]」と批判的であり、芦部教授も尾崎意見に対して「原則禁止、例外許容という場合の例外の判断をいかに行うのか」「平等原則だけで割り切れない問題もあるのではなかろうか[8]」と疑問を呈しておられる。

② ちなみに、目的効果基準をめぐっては、従来、基準として緩やかすぎるとして、アメリカの判例において確立した「レモン・テスト」を採用すべきであるとする見解もみられた。そこでこの点についても、ここで一言反論を加えておくこととする。

先ず、レモン・テストが果たしてアメリカにおいて確立した基準といえるかどうかという点であるが、現に、マーシュ事件（一九八三年）のように、レモン・テストには全く言及しないまま、合憲の結論を下した連邦最高裁の重要な判決も存在する。また、一九九〇年代以降下された国教樹立禁止条項に関する五判決のうち、レモン・テストを用いたのは二判決だけであり、しかもこれを具体的に適用したのは一つだけであるとして、今日、その「空洞化」を指摘する者もいる[9]、というのが実情である。

次に、政教分離をめぐる我が国の下級審判決において、これまで合憲、違憲と判断が分かれ、混乱が生じたのは、最高裁の示す目的効果基準そのものがレモン・テストのように明確でないからであるとする批判が見られるが、これは当たっているであろうか。この点、目的効果基準に対して批判的な横田教授自身、アメリカのリンチ事件を引き合いに出して、その結論が五対四に分かれたのは、レモン・テストが曖昧な基準だからであるとしておられる。[10] またレモン・テストが必ずしも明確な基準でないことは、事案のかなり類似しているボール事件とアギュイラー事件について、連邦最高裁が、同じ日に、共に違憲としながら、前者は七対二、後者は五対四というように裁判官の判断が分かれたことに、端的に示されているといえよう。[11] 従って、レモン・テストをもって明確な基準と断定することはできないであろう。

第三に、我が国の下級審判決が合憲、違憲と揺れてきたのは、目的効果基準そのものが曖昧だからだとの批判であるが、確かに、同基準が「曖昧」といえば「曖昧」といえないこともない。しかし同じ程度に「曖昧」な基準は他にも存在する。例えば、問題の文書、図画が「猥褻文書」に当たるかどうかを判断する際の基準（a）徒らに性欲を興奮または刺激せしめ、（b）普通人の正常な性的羞恥心を害し、（c）善良な性的道義観念に反するかどうかを「社会通念」に従って判断すべしとする基準）と比べた場合、目的効果基準（（a）目的が宗教的意義を有するかどうか、（b）その効果が特定の宗教に対する援助、助長または他宗教に対する圧迫、干渉になるかどうか、を同じく「社会通念」に従って判断すべしとする基準）の方が特に「曖昧」であるとして、一方的に非難されるいわれはなかろう。

この点、松井教授も「多数意見が確認した目的効果基準については、曖昧であるとか客観性に欠けるとかいわれるが、少なくともそれは裁判所が政教分離原則に関する事例を判断する際に、十分な指針を与える程度には客観的だと思われるし、それで十分ではないかと思われる。[12]」と述べており、興味深い。

しかし、それはともかく下級審判決が合憲、違憲と揺れてきたのは、実は同基準が曖昧であるということよりも、別の理由による。それは、違憲判決がいずれも最高裁判決の示す目的効果基準から「逸脱」し、「過度のかかわり」(例えば箕面忠魂碑訴訟一審判決)や「象徴的結合の理論」(本件一審判決)等、最高裁判決にはない別の厳格な基準を採用したからである。このことは、最高裁判決を忠実に踏まえた近年の、一連の下級審判決が、いずれも合憲とされていることから明らかであろう。また、判決の「揺れ」とはいっても、昭和六三年の殉職自衛官合祀訴訟最高裁大法廷判決によって、最高裁で目的効果基準が確立してからは、下級審でも違憲判決の数は極めて限られており(しかも、本件一審判決以外は、いずれも「一部違憲」ないし「傍論」にとどまっている)、最近では、すでに下級審においても、合憲判決の流れがほぼ定着していた。[13]

最後に、最高裁の示す目的効果基準のもとでは、緩やかすぎて何もかも合憲とされてしまい、これでは「歯止め」とはなりえないではないかとの批判も存したが、これまで我が国で裁判になった例などは、欧米各国ではもともと問題となりえないような事案ばかりであった。例えば、同じ政教分離国であるアメリカの様々な宗教的慣行、具体的には、大統領就任式、国葬、戦没者追悼式などにみられるキリスト教儀式や、議会、裁判所、軍隊、刑務所、病院等におけるチャプレン（専属牧師・神父）の存在、連邦最高裁にある十戒を携えたモーゼ像や連邦議会議事堂にある礼拝堂等の例と比較するならば、我が国における建築着工に当たっての地鎮祭、仏式公葬、忠魂碑や地蔵像等のための公有地貸与、更に戦没者慰霊のための僅かな公金の支出など、国、地方公共団体と宗教とのかかわりは、極く限られたものにとどまっている。それ故、目的効果基準に照らしてこれらの事案が全て合憲とされたとしても（事実、玉串料以外は合憲とされている）、そのことをもって、同基準が緩やかすぎて国家と宗教の結合の「歯止め」となり得ないなどというのは、当たっていないと思われる。

③　ところで、本件玉串料支出は憲法二〇条三項を適用するまでもなく、憲法八九条の「宗教団体に対する公金の支出」にあたり許されないとした園部裁判官の意見であるが、同裁判官は、目的効果基準にも反対している。

しからば、同裁判官に借問しよう。僅か四年前の平成五年三月、園部裁判官の所属する第三小法廷は箕面忠魂碑・同慰霊祭訴訟につき、目的効果基準をもとに全員一致で合憲の判決を言い渡しているが、本判決の意見はそれと矛盾していないであろうか。この点、日比野教授も園部裁判官の意見につき、「箕面忠魂碑判決との関係が気になります」[14]と疑問を呈しておられる。また、目的効果基準を用いないで厳格に憲法八九条を解釈せよというのであれば、宗教系私立学校への億単位にのぼる助成金は、一も二もなく違憲となるが、果してそれで良いのであろうか。また、もしそうでないとするならば、両者の整合性をどう説明するのか、全く理解に苦しむところである。

(1) 拙著『憲法と政教分離』(平成三年) 二一〇頁〜二一四頁、一三六頁〜一三八頁参照。
(2) 長谷部・前掲鼎談、一一頁。
(3) 戸松・同右、一二頁。
(4) 松井茂記「愛媛玉串料訴訟大法廷判決の意義」『法学教室』一九九七年八月号、二四頁。
(5) 芦部・前掲インタビュー、一〇頁。
(6) 大石眞「『愛媛玉串料訴訟』上告審判決寸感」前掲『ジュリスト』二八頁。
(7) 同右、二七頁。
(8) 芦部・前掲インタビュー、一二頁。
(9) 高畑英一郎「アメリカ連邦最高裁におけるエンドースメント・テストの限定的受容」『日本大学大学院法学研究年報』第二五号、一九九五年、四二頁、三七頁。
(10) 横田耕一「地鎮祭と政教分離の原則」樋口陽一・野中俊彦編『憲法の基本判例　第二版』(一九九六年) 六八頁。
(11) 本書第一章、五三頁。
(12) 松井・前掲論文、二三頁。
(13) 拙著『政教分離とは何か―争点の解明―』(平成九年) 一八一頁以下参照。
(14) 日比野・前掲インタビュー、一五頁。
(15) この点、松井教授も「憲法八九条についてだけ目的効果基準の適用を排斥する園部裁判官の立場には、無理があるように思われる。」としている（松井・前掲論文、二四頁）。

4　おわりに

今回の大法廷判決は、以上に指摘したとおり、目的効果基準について、津地鎮祭訴訟大法廷判決をほぼそのまま引用する形で目的効果基準を維持している。そしてこの基準を支持する裁判官とこれに反対する裁判官の割合は、津地鎮祭訴訟大法廷判決では一〇対五であったが、山口殉職自衛官合祀訴訟では一四対一（ただし、反対意見を書いた伊藤正己裁判官も、目的効果基準は「抽象的には正しい」としており、これを加えれば一五人全員一致）となり、今回の大法廷判決でもこの基準は一二対三で支持されたことになる。

従って今回の大法廷判決が、事案を異にする過去の最高裁判決、例えば津地鎮祭訴訟大法廷判決、殉職自衛官合祀訴訟判決あるいは箕面忠魂碑・慰霊祭訴訟判決などと直接関係がないことは勿論であるが、理論的に考えて、目的効果基準そのものが維持された以上、これらの判決が有する判例としての意味は聊かも失われていない。このことは、本判決の多数意見が、「一般に、神社自体がその境内において挙行する恒例の重要な祭祀に際して右のような玉串料等を奉納することは、建築主が主催して建築現場において土地の平安堅固、工事の無事安全等を祈願するために行う儀式である起工式の場合とは異なり、時代の推移によって既にその宗教的意義が希薄化し、慣習化した社会的儀礼にすぎないものになっているとまでは到底いうことができず、一般人が本件の玉串料等の奉納を社会的儀礼の一つにすぎないと評価しているとは考え難いところである。」として、起工式（地鎮祭）の合憲性に言及しているからも明らかであろう。

ちなみに、大橋寛明最高裁判所調査官は『ジュリスト』（一一一九号）の「時の判例」において、これらの点につき以下のとおり解説している。

「本判決が目的効果基準を踏襲することを明らかにした（なお、反対意見の二裁判官も、同基準を踏襲する立場に立っているから、一五人中一二人が同基準を維持すべきものと判断したことになる）ことにより、今後も、政教分離規定の適合性については、同基準に基づいて判断すべきことになろう。……前記二つの大法廷判決と本判決とは、合憲、違憲と結論が分かれたが、それは、本判決の示した判断基準に照らせば、政教分離規定についての考え方に違いがあったためではなく、事案に違いがあったためと解すべきであろう。」

「本判決は、政教分離規定に違反する行為についての重要な判断事例を提供するものであり、先例としての価値は大きいものがあると思われる。ただ、判文から明らかなとおり、本判決の多数意見が判断を示したのは、本件の具体的事案における玉串料の奉納行為等の合憲性であり、一般的に国や地方公共団体の玉串料の奉納行為等の合憲性について判断したものではなく、また、

国や地方自治体と靖国神社等のかかわり合いの合憲性一般について判断を示したものでもない。右のような問題については、本判決の判断を参考にしつつ、それぞれその事情に基づいて、目的効果基準に従って、検討されるべきものであろう。[1]」（傍点、引用者）

それ故、今後の政教分離訴訟においても、この限定分離を前提とする目的効果基準に従って合憲性が判断されなければならないであろう。

ただ、問題は、本件玉串料訴訟大法廷判決が、緩やかな基準であるはずの目的効果基準を採用しておきながら、玉串料の合憲性を判断するにあたっては、きわめて厳格に解釈している点をどう評価すべきかということである。この点については、大橋調査官のいうように、単に「事案に違いがあったため」とみる見方もありえよう。

事実、芦部教授は津地鎮祭訴訟、箕面忠魂碑訴訟と本件玉串料訴訟の法廷意見を、第一「政教分離違反として争われた行為に関係した公の機関」、第二「宗教的行事の主催者」、第三「右行為の行われた場所」、第四「右行為の性質」、第五「公金支出の有無」の各項目について比較した上、「今回の玉串料事件の場合がずば抜けて宗教性が強いと思うのです。そうだとすれば、地鎮祭の合憲判決を前提として考えても、今回の事件で違憲判決が下される可能性は極めて大きい、ということになる。」と述べておられる。[2]

しかしながら、右のような比較の仕方は疑問である。というのは、津地鎮祭訴訟判決は、「ある行為が右にいう宗教的活動に該当するかどうかを検討するに当たっては、当該行為の外形的側面のみにとらわれることなく、当該行為の行われる場所、当該行為に対する一般人の宗教的評価、当該行為者が当該行為を行うについての意図、目的及び宗教的意識の有無、程度、当該行為の一般人に与える効果、影響等、諸般の事情を考慮し、社会通念に従って、客観的に判断しなければならない。」（傍点、引用者）としているからである。そして、本判決もこの立場に立つことを明らかにした。とすれば、「一般人の宗教的評価」や「当該行為者の意図、目的及び宗教的意識の有無、程度」「一般人に与える効果、影響」といった重要なポイントを除外し、逆に「宗教的行事の主催者」や「右行為の性質」といった判決の列挙していない事項を重視した比較の仕方には疑義がある。

従って、右各事案を比較するとするならば、あくまで最高裁判決の提示する視点に立って行うべきであり、その場合、本件玉串料支出が地鎮祭の場合と比較して「ずば抜けて宗教性が強い」などとは決していえないはずである。

それ故、より厳密に考えるならば、本件玉串料支出が違憲とされたのは、「事案の違い」によるものではなく、あくまで、大法廷判決が一方で緩やかな「基準」を採用しておきながら、他方ではこれを厳格に「適用」するといった「自己矛盾」を犯したからに他ならない。

つまり、目的効果基準そのものは、アメリカのレモン・テストなどと比べてかなり緩やかな基準であると一般に理解されている。とすれば、可部裁判官の反対意見が述べているように、「津地鎮祭大法廷判決の定立した〔目的効果〕基準に従い、その列挙した四つの考慮要素を勘案すれば、〔本件〕は自然に合憲の結論に導かれる」とみるのが正しいのであって、右基準を採用しておきながら、玉串料支出の合憲性を厳格に解釈し、強引に違憲と断定した大法廷判決は疑問ということになる。加えて、論理的にはまず「基準」が存在し、しかる後に具体的事案についての「判断」なり「適用」がくるはずである。

このように考えるならば、大法廷判決で疑問とされるべきは、明らかに厳格な「判断」なり「適用」の方であって、判例として今後意味を持ち得るのは、あくまで緩やかな目的効果基準のみということになろう。

（1）　ちなみに、『判例時報』一六〇一号及び『判例タイムズ』九四〇号に掲載されている、本判決についての解説も、本文とほぼ同様であり、大橋調査官の執筆になるものと思われる。なお、引用文中、傍点を付した部分は、『判例時報』及び『判例タイムズ』では、「さらには、例えば公人が靖国神社等に参拝する行為の合憲性については、何らの判断をも示したものではない。」となっている。

（2）　芦部・前掲インタビュー、七頁〜八頁。

第4章　靖国神社をめぐる諸問題

1　首相の靖国神社参拝をめぐって

(1)──「A級戦犯合祀」問題は解決済み

本年〔平成十三年〕四月の自民党総裁選挙中から、首相として靖国神社を参拝すると明言し続けてきた小泉総理に対して、朝日など一部メディアは執拗に反対論を繰り広げている。同紙は六月二五日のオピニオン面でも「『慰霊の形』議論再燃」との大見出しを掲げて反対を煽っているが、必死になって議論を「再燃」させようとしている張本人こそ、当の朝日であろう。

同記事によれば、「なぜ批判されるのか理解に苦しむ」「よそ（の国）から批判されてなぜ中止しなければいけないのか」「(個人も首相も）同じ。総理として、個人として参拝する」との首相の発言を「感情論」に過ぎないと決め付け、首相の靖国神社参拝の問題点は、靖国神社が宗教施設であることと、いわゆる「A級戦犯」が合祀されていることの二点に集約されるとしている。

この内、いわゆる「A級戦犯」合祀問題は当の昔、大原康男国学院大学教授、佐藤和男青山学院大学名誉教授らによって解決済みの事柄であり(1)、今更ながら担当記者諸氏らの不勉強振りには驚くしかない。紙数の関係上、簡単に復習しておくならば、

①　いわゆる「A級戦犯」なるものは、あくまで占領行政の一環として行われた東京裁判での呼称に過ぎず、刑死者達は国内法上は他の戦没者と同様「法務死」とされ、遺族年金等も全て平等の扱いを受けている。そしてこのような取り扱いは、講和独立後、国会において全会一致で承認されたものであった。従って、国内法上、A級戦犯など存在しない。

②　中国政府が「A級戦犯合祀」を理由に総理の靖国参拝中止を要求してくるのは、もともと中国の国内事情によるものであり、したたかな外交戦略にすぎない。現に、「A級戦犯」とされた人々が合祀されたことが判明した時（昭和五四年）も、その直後大平首相が靖国参拝をした時にも、中国政府は何ら抗議めいた意思表示を全くしてこなかったし、講和条約の当事者でもない中国政府には、そもそもこの問題を論じる資格など存在しない。

それ故、中国政府による参拝中止の要求は、教科書検定問題への介入と同様、日中共同声明第六項および日中平和友好条約第一、第三条に違反する「内政干渉」であって、突っぱねればそれで済むことである。

(2)——首相の靖国参拝は合憲

最初に述べた朝日の記事によれば、靖国参拝のもう一つの問題点は、靖国神社が宗教施設であることだという。つまり、宗教施設である靖国神社への参拝は、それだけで政教分離違反ということになるらしい。

しかしそんな単純な理由でもって、戦没者の慰霊と遺族への慰藉という世俗目的の参拝が憲法違反となりうるであろうか。

憲法の政教分離については、最高裁において「目的効果基準」が確立しており、すでに判例の存在するケースについては、当然それに従わなければならない。なぜならば国家行為の合憲性についての最終的判断権は、最高裁に委ねられているからである。しかしながら、首相の靖国神社公式参拝については、最高裁判例は存在しない。

あるのは、靖国神社公式参拝を合憲とした昭和六十年の政府見解と、それを踏襲してきた歴代内閣の見解だけである。朝日新聞は、靖国神社参拝について違憲の疑いを払拭出来ないとした昭和五十五年の政府見解を良く引き合いに出すが、その見解は昭和六十年に変更され、公式参拝の合憲性はすでに確立している。となれば、首相が第一に拠るべき根拠はこの政府見解であって、靖国神社参拝については何ら躊躇する必要はない。

ちなみに、平成九年の愛媛県玉串料訴訟違憲判決は、あくまで愛媛県が行った玉串料支出についての判断であって、靖国神社公式参拝とは無関係である。また判決そのものが、一方で緩やかな目的効果基準を採用しておきながら、玉串料については厳しく判断するといったきわめて矛盾したものであり、初めに違憲の結論ありきの問題だらけの判決であった。

このため、違憲論者の奥平康弘東大名誉教授でさえ、「〔目的効果基準は〕さいごの段階で引き合いに出し、辻褄合わせに使っただけのこと」と指摘しており、同じく違憲論者の横田耕一九州大学教授も、多数意見は玉串料支出の目的と効果について具体的判断を示さないまま、いきなり違憲の結論を導き出していると批判している。

それに引き替え、玉串料支出を合憲とした三好最高裁長官や可部裁判官の反対意見は、被告愛媛県側の主張を全面的に採用したものであって、とりわけ可部裁判官の反対意見は違憲論者の側からも高く評価されている。

とすれば、仮に愛媛県玉串料訴訟判決を引き合いに出すとしても、参考とすべきはあくまで緩やかな「目的効果基準」の方であって、これを厳格に「適用」した部分は、参考とはならない。それ故、靖国神社公式参拝については、その目的はあくまで「戦没者の慰霊と遺族への慰藉」という世俗的なものであり、その効果も特定宗教に対する援助、助長となりうるようなものではないから、合憲と解するのが当然であって、対象が宗教施設だからなどというのは、全く理由にならない。

(3)——御都合主義の公明党

ところで、この問題について厳格な政教分離の立場に立ち、首相に靖国神社参拝の中止を求めているのは公明党である。連立与党の一角を占めながら、政府の公式見解を無視するというのも解せないが、この公明党の主張は実は自らの首を絞めるものである。このことに彼らは気が付かないのであろうか。

というのは、外でもない。政教分離と言う場合、わが国ではともすると「国家の宗教への介入禁止」という側面にのみ目が行き、「宗教団体による政治への介入を禁止する」という側面は無視されがちである。しかし政教分離には二つのベクトルが存在するわけであるから、公明党が政教分離を厳格に解釈すべしというのであれば、当然のことながら、後者にも目を光らせなければならない。つまり公明党とその支持母体である創価学会との関係や、両団体と政治との関わり方についても厳格に解釈しなければならないはずだからである。

この点、憲法二〇条一項後段の「いかなる宗教団体も（略）政治上の権力を行使してはならない」という条りについて、政府見解は、「政治上の権力の行使」とは宗教団体が国から正式に統治権、例えば課税権や警察権などを与えられてそれを行使することと解している。このような解釈にはきわめて問題があり、もしこのように「政治上の権力の行使」の意味を狭く解釈した場合には、正式に国から統治権を与えられない限り、宗教団体がいかに政治に介入しても構わないことなる。

例えば、宗教団体がその代表を直接議会に送り、多数派を占めてしまうとか、宗教団体と事実上一体となっているような政党が政界に進出し、政権の一角を占めることによって宗教団体の意のままに政治を支配する。このような事態が生じても、政府見解では何ら問題はないということになってしまうが、果たして妥当であろうか。

政教分離とは、本来、政治と宗教の任務と役割を区別し、互いに介入、干渉しないことを意味するものであるから、宗教団体の指導者の意のままに政治が行われるようなことは絶対にあってはならない。それ故、宗教団体といえども選挙活動を行ったり、自らの利益代表を議会に送ったりすることができることは当然であるが、そこには自ずから限界があるはずであって、「統治権の行使」に当らなければいかなる政治活動も許されるとみるのは、それこそ、政教分離の意味を正しく理解していない証拠である。

平成十年八月から九月にかけて朝日新聞紙上に連載された竹入義勝元公明党委員長の回顧録によれば、公明党の人事権、財政権は創価学会にあることは明らかであって、「委員長を引き受けるときから、人事権は学会にあると、明確にされていた。選挙にしても人事にしても党内はみな学会を向いている。」そして「公明党は財政、組織の上で創価学会に従属していた」という。つまり公明党と創価学会とは事実上一体であって、同党が池田名誉会長の意のままに支配されていることは、広く知られているとおりである。

にもかかわらず公明党は、問題だらけの政府見解を唯一の根拠として、自らの行動を政教分離違反ではないと言い張っている。とすれば、首相の靖国参拝についても、政府見解を根拠に、政教分離違反には当らないと解釈するのがスジというものであって、一方では政府見解をもとに自らの行動を正当化し、他方では政権与党の立場にありながら政府見解を否定するというのは矛盾であり、御都合主義も甚だしいと言えよう。

(4)——政教分離論再考

政教分離について、わが国の学説はしばしばこれを「国家と宗教の分離」と解している。しかしながら、欧米諸国にあっては、政教分離という場合、「国家と教会（宗教団体）の分離」(Separation of Church and State) という言い方が一般的である。つまり、政教分離とは国家と特定の教会（宗教団体）が結びつくことを禁止するものであって、「国家と宗教の分離」(Separation of Religion and State) を意味しない。

例えば国葬について言うと、「国家と教会」の分離であれば、常に特定教会（特定の宗教団体）の宗教儀式でもって葬儀を行うことは許されないが、故人や遺族の信仰を尊重し、ケイス・バイ・ケイスで宗教儀式を営むことは一向構わない。これに対して、「国家と宗教の分離」という場合は、国家から宗教を全て排除しようとするものであるから、宗教儀式は許されず、いわゆる無宗教方式の葬儀しかできないことになる。

わが国では、国や自治体主催の戦没者慰霊祭にしても、いわゆる無宗教方式という名の官製儀式が行われているが、これは政教分離に対する誤解からきたものである。政教分離とは、あくまで信教の自由を保障するための手段にとどまるから、戦没者の慰霊祭にしても、戦没者や遺族の信仰ないし心情を尊重し、神式ないし仏式の慰霊祭を挙行することは一向構わない。それに現行憲法は、条文からみても分かるとおり、「国家と宗教団体の分離」の立場を採用しており（二〇条一項、八九条）、これは現行憲法の起草者たるＧＨＱ当局者の意図するところでもあった。

それ故、わが国における戦没者慰霊の中心施設たる靖国神社に首相が参拝する場合、神道式の参拝を行うことは全く問題とならないと思われる。

更に言えば、政教分離とはあくまで「国家」つまりステイト（State）と宗教団体との分離であって、共同体としての国家つまりネイション（Nation）との分離を意味しない。ステイトの意味についてはさまざまな解釈が可能であるが、少なくとも政教分離という場合のステイトは「政府」ないし「権力機構としての国家」を指しており、世俗的権力としての国家が特定の宗教団体と結びつくことを禁止するにとどまる。それ故、共同体としての国家つまりネイションから宗教を排除するものではない。

それどころか、むしろ共同体としての国家にとっては、ルソーやベラーによって主張されたように、国民を統合し糾合していくために宗教が必要であって、これが国民宗教とか市民宗教（シビル・レリージョン）と言われるものである。

例えば、アメリカでは、政教分離国とはいうものの、共同体としての国家の存続のためさまざまな宗教的慣行が今なお続けられている。大統領就任式におけるチャプレン（牧師、神父）の祈禱や賛美歌の合唱それに聖書を用いての宣誓、連邦および各州議会におけるチャプレンの祈禱、あるいはアーリントン国立墓地におけるユダヤ・キリスト教式の戦没者追悼式などがそれである。これに対して政教分離違反などといった批判はほとんど見られず、連邦最高裁も一九八三年、ネブラスカ州議会における牧師の祈禱を合憲とする判決を下している（マーシュ事件）。

このように考えるならば、わが国においても明治維新後、近代国家（ネイション・ステイト）の建設に伴い靖国神社が創建され、国家のため亡くなられた全ての戦没者を国の手でお祀りしてきたのであるから、占領下の止むを得ない事情のもと宗教法人のかたちを採らざるを得なかったとはいえ、今なお靖国神社がわが国における戦没者慰霊の中心施設であることに変わりはない。従ってそこに首相が参拝し、戦没者に対して感謝と慰霊のまことを捧げるのは当然のことであって、これを問題とする方がおかしい。

現に、毎日新聞が行った最近の世論調査では、首相の靖国神社参拝に反対する国民はわずか七

%にとどまっており、国民の九割は首相の参拝に賛成しているではないか（毎日、五・二八）。

(5)――国立墓地構想の狙い

小泉首相の靖国神社参拝の意思が堅いことから、にわかに浮上してきたのが、国立墓地建設の構想である。しかしながら、その狙いは明らかに靖国神社の否定にあり、これを認めることは絶対にできない。

この構想の主張者は鳩山民主党代表や土井社民党党首等であるが、首相の靖国神社参拝に反対する人々は、かねてより千鳥ケ淵戦没者墓苑をもってあたかも靖国神社に代わる戦没者慰霊のための「無名戦士の墓」であるかのごとく主張してきた。しかしながら、千鳥ケ淵戦没者墓苑は無名戦士の墓とは全く異なる。同墓苑は、あくまで身元の判明しない遺骨や引き取り手のない戦没者の遺骨、約三四万六千体を納めた墓つまり無縁仏のための墓にとどまる。

しかもかつての社会党・総評などは首相の靖国神社参拝に反対し、千鳥ケ淵で「戦争犠牲者追悼式」なるものを実施してきたが、これも戦没者の慰霊などとは程遠く、結局は靖国神社参拝に反対するための方便であり、アリバイ作りにすぎなかった。というのは、千鳥ケ淵戦没者墓苑が建設されたのは昭和三四年であるが、社会党はその後二十年以上にわたって、同墓苑における春秋の慰霊祭〔正確には、厚生省主催の春の「拝礼式」と千鳥ケ淵戦没者墓苑奉仕会主催の秋季慰霊祭〕には、招待されながら一度も出席してこなかったからである。そして同墓苑において初めて戦争犠牲者追悼式を行ったのが、昭和五六年八月のことであった。その理由について主催者側は次のように語っている。「八・一五にはわれわれは何もしてこなかったが、（略）右寄りの姿勢を強めた政府がかさにかかって来ているので対抗しなければならない。」そして八・一五の意味付けを「反戦運動の一環と位置づけたい」と（毎日、朝日、昭和五六・八・一五夕刊）。ちなみに、この日飛鳥田社会党委員長は、無宗教方式の全国戦没者追悼式さえ欠席し、千鳥ケ淵の追悼式にのみ出席している（毎日、前掲）。

これが首相の靖国神社参拝に反対し、千鳥ケ淵戦没者墓苑の拡充や国立墓地建設を主張する勢力の本音であり、実体であることを、我々は篤と見極めておく必要があると思われる。

（1）大原康男「〝A級戦犯〟はなぜ合祀されたか」、佐藤和男「『いわゆるA級戦犯』問題の国際法的側面」、江藤淳・小堀桂一郎編『靖国論集　日本の鎮魂の伝統のために』（日本教文社、昭和六一年）所収。

2　靖国問題をめぐる謬見

(1)——政教分離問題はすでにクリア

本年〔平成十三年〕八月十三日に行われた小泉首相の靖国神社参拝は、憲法の政教分離に違反するものであり、これによって精神的苦痛を受けたとして、真宗大谷派の僧侶やキリスト教徒らが、十一月一日、大阪、松山、福岡の三地裁に損害賠訴訟を提起した。十二月七日には、更に東京、千葉の両地裁にも提訴するという。

原告らのいう精神的苦痛なるものは、新聞報道を見ただけでは必ずしもつまびらかではない。しかし、それらの苦痛が信教の自由の侵害に当たらないことは明らかである。なぜならば、原告ら自身は参拝を強制されたわけでも何でもないからである。それ故、それらの苦痛なるものが、単なる憤りや不快感に過ぎないことは、先の中曽根首相の靖国参拝をめぐる一連の判決で明確に示されているとおりであり、全く理由にならない。

また、言うところの「宗教的人格権」なるものも、すでに昭和六十三年の殉職自衛官合祀訴訟最高裁判決で明確に否定されており、これも損害賠償請求の根拠たりえない。

更に、首相の靖国神社参拝が政教分離に違反しないことは、すでに第一節で述べたとおりである。それ故、本請求が裁判所によって簡単に却けられることはまず間違いなく、原告らもそれをとくと承知のうえで、単なる政治宣伝ないし政治的パフォーマンスとして裁判を起こしたにすぎないと思われる。

しかしながら、判決によっては原告敗訴としておきながら、「首相の靖国神社参拝は違憲の違いあり」などといった「傍論」が付せられる恐れもあり、原告側の主張に対しては、それがいかにつまらないものであっても、完璧に反論しておく必要がある。

それはともかく、この裁判が政教分離裁判の名を借りた政治宣伝にすぎないにもかかわらず、八月十四日付けの朝日新聞などは一面と十五面の両面を使って大きく取り上げ、国民を煽っているわけだが、これは国民を愚弄するものと言えよう。なぜなら、いくら煽っても、国民の多数は首相の靖国神社参拝を支持しており、このことは各種世論調査を見れば明らかだからである。

例えば、毎日新聞の世論調査（平成十三年八月二十日付け）では、小泉首相の靖国神社参拝について八月十三日の参拝を支持する者は六十五％、支持しない者は二十八％であった。しかしながら、この二十八％のうち、三十二％は首相が中国や韓国などの圧力に屈したから、三十三％は首相が周囲に妥協しすぎたからというものであるから、これらは十五日参拝を支持したものと考えられる。とすれば十五日の参拝の支持者は全体の十八％となり、結局、日付さえ問わなければ、国民の八十三％が、首相の靖国神社参拝を支持したことになる。

他方、首相の参拝に反対する者のうち政教分離違反を理由とする者は三十二％であるから、これは国民全体のわずか九％にすぎない。

同様の傾向は、共同通信社の世論調査（平成十三年八月二十一日付け）からも窺われる。それによれば、国民の五十・五％が十三日の参拝を、二十三・六％が十五日の参拝を支持しているから、国民の七十四・一％が首相の靖国参拝を支持したことになる。

他方、参拝そのものの反対者は全体の二十三・二％にとどまり、そのうち政教分離違反を理由とするものは二十四・五％であるから、首相の靖国神社参拝が政教分離違反と考えている国民は全体のわずか六％にすぎない。

また、八月四日の「朝まで生テレビ」でも、政教分離違反を理由とする反対意見は、有効回答数八百三十五通のうち、たった三十五件、つまり全体の四％にとどまった。

このように、首相の靖国神社参拝が政教分離違反であるなどといった主張は、理論的に破綻している上、もはや国民からも相手にされていない。にもかかわらず、相も変らず一部反対派の政教分離違反であるとの主張だけを大々的に取り上げて報道するのは、明らかに公平を失する。朝日新聞の記者諸氏は、未だに自らを「社会の木鐸」などと過信しているのであろうか。

(2)——首相の参拝は「公式参拝」

ところで、首相の靖国参拝をめぐる空騒ぎの中で、社民党からは土井委員長をはじめ、五人の議員からこの問題に関する質問主意書が提出された。ところが、これに対する政府答弁書の中には、極めて疑問と思われるものがいくつか見られる。

その一つは、大脇雅子参議院議員の「小泉総理の参拝は公式参拝か、私的な参拝か」との質問に対する答弁書である。この答弁書には「小泉内閣総理大臣は、平成十三年八月十五日には靖国神社に参拝せず、同月十三日に、『総理大臣である小泉純一郎が心をこめて参拝した』ものと承知している。〔改行〕なお、昭和五十三年十月十七日の政府統一見解において示した考えは、現在も変わっていない。」とある。

この答弁書を受けて、朝日新聞は「首相靖国参拝　政府、私的と認識　答弁書で間接的に表現」との三段抜きの見出しのもと、次のように報道している（平成十三年八月十七日付け）。

「小泉純一郎首相の靖国神社参拝について、政府は十六日、間接的な表現ながら『私人』として行動したという見解を初めて答弁書で示した。（略）この〔昭和五十三年の〕統一見解は、政府の行事として参拝が決定された場合か、玉ぐし料等の経費を公費で支出した場合でない限り、『私人の立場での行動』と見るべきだという内容。今回の首相の参拝は政府の行事ではなく、玉ぐし料の代わりに私費で献花している。」と。

確かに、昭和五十三年の政府統一見解は、この記事の指摘しているとおりのものである。したがって答弁書の言うとおり、もしそれが「現在も変わっていない」というのが事実であれば、首相の参拝は「私的参拝」と見るのが自然かもしれない。しかしながら、昭和五十三年の政府統一見解は、昭和五十五年の政府統一見解および昭和六十年の政府見解によって明らかに変更されている。というのは昭和五十五年および六十年の政府統一見解は以下のとおりだからである。

まず、前者は「政府としては、従来から、内閣総理大臣その他の国務大臣が国務大臣としての資格で靖国神社に参拝することは、憲法第二十条第三項との関係で問題があるとの立場で一貫してきている。」というものであり、後者も「政府は、従来、内閣総理大臣その他の国務大臣が国務大臣としての資格で靖国神社を参拝することについては、憲法第二十条第三項との関係で違憲ではないかとの疑いをなお否定できないため、差し控えることとしていた。」というものである。

つまりここでは、もはや「政府の行事として参拝を実施したり、玉ぐし料等の経費を公費で支出したりすること」ではなく、「内閣総理大臣その他の国務大臣が国務大臣としての資格で靖国神社に参拝すること」をもって「公式参拝」であるとしているわけである。それ故、昭和五十三年の政府統一見解が「現在も変わっていない」という今回の政府答弁書は何かの間違いであろう。

現に、土井たか子衆議院議員の質問主意書に対する政府答弁書の中では、「内閣総理大臣の靖国神社への公式参拝（内閣総理大臣が公的な資格で行う靖国神社参拝をいう。）は、（云々）」と述べており、ここでの定義は、五十三年見解とは異なる。

とすれば、今回の小泉総理の参拝は「総理大臣である小泉純一郎が心をこめて参拝した」（傍点、引用者）といっている以上、微妙ではあるが公的な資格での参拝であると見る方が自然であり、これをもって「私的参拝」と決めつけるのは明らかに無理があると思われる。

(3)――新慰霊施設建設の問題点

もう一つは、辻元衆議院議員への政府答弁書である。

辻元議員の「〈国民や遺族の多くだけでなく〉政府自身も『靖国神社を我が国における戦没者追悼の中心的施設』と位置づけているのか。」との質問主意書に対して政府答弁書は「政府としては、靖国神社を『我が国における戦没者追悼の中心的施設』であると位置づけているわけではない。」と回答しているが、これは重大な問題をはらんでいる。

というのは外でもない。現在、靖国神社に代わる戦没者慰霊施設構想が取り沙汰されているが、もしそのような施設が政府によって建設された場合、新施設こそ我が国における戦没者慰霊の中心施設であるということになりかねないからである。その場合、靖国神社はどうなるのか。

この新慰霊施設構想は、小泉首相が、靖国神社参拝に合わせて発表した問題の多い談話の中で、「内外の人々がわだかまりなく追悼の誠をささげるにはどうすればよいか、議論をする必要がある」と述べたことが発端となった。そしてこの談話を受けた形で、福田官房長官は戦没者追悼のための新施設建設構想を発表、当初、私的懇談会を九月中にも発足させるとの報道がなされたが、アメリカへの同時多発テロの発生により現在〈平成十三年十月現在〉中断している。

「内外の人々がわだかまりなく追悼の誠をささげるため」というが、初めに見たとおり、国民の大多数は首相の靖国神社参拝を支持しており、わだかまりを持っているのは一握りの国民だけである。また外国といっても、首相の靖国神社参拝に強く反対しているのは中国と韓国くらいのものである。

とすれば、自国の戦没者をどのような形で慰霊・追悼するかということは純然たる国内問題であるわけだから、国民の多数の支持のもと、首相がこのまま靖国参拝を継続しさえすれば、新しい慰霊施設など不要である。また、そうすれば中韓両国も、反対しても無駄であると悟るに違いない。したがって、新慰霊施設の建設など、有害無益以外の何物でもない。

考えてもみよう。講和独立直後より、靖国神社国家護持の動きが国民の間に澎湃（ほうはい）として沸き起こり、それを受けて靖国神社国家護持法案がともかくも一度は衆議院で可決されるまでに至ったのは、一体、何故であったのか。また、国家護持が憲法上困難とされた後、せめて首相らの靖国神社公式参拝だけでも実現しようとする国民運動があれだけ盛り上がり、政府・与党の政治家諸公がこれに応えようと尽力したのはなぜか。

それは、靖国神社こそ我が国における戦没者慰霊・追悼の中心施設であるとの認識と自覚が彼ら政治家の中に確として存在したからではなかったのか。だからこそ、憲法上の障害を何とか克服してでも、国家護持や公式参拝を実現しようと努力したわけであろう。

にもかかわらず、先人たちのこの血のにじむような努力を無視し、「政府としては、靖国神社を『我が国における戦没者追悼の中心的施設』であると位置づけているわけではない」などと、平然と言ってのけるその無神経さと、戦没者やその遺族の方々に対する無慈悲さ――。

このように靖国神社に対する正しい認識と想いを欠いたまま、もし新しい戦没者慰霊施設などを建設した場合、靖国神社の公的性格は益々稀薄なものとなり、ひいては靖国神社の否定にまでつながりかねないことは、火を見るよりも明らかである。その危険性になぜ政府は気がつかないのであろうか。

(4)――陛下の御親拝中止をめぐって

ところで、靖国神社に対する誤解、偏見を意図的に増幅させているのは、一部マスコミであるが、「A級戦犯合祀で天皇参拝は途絶えた　憂いの思い、幻の歌に」と題する朝日新聞の記事（平成十三年八月十五日）は、実証を欠くきわめて悪意に満ちたものである。

それによれば、昭和天皇はいわゆる「A級戦犯」の合祀には反対であり、靖国神社への陛下の御親拝が途絶えたのは、「A級戦犯」の合祀が原因であったという。そして昭和天皇の側近を務めた故徳川義寛元侍従長の手元には、中曽根首相が公式参拝を行った昭和六十年に昭和天皇が詠まれた「A級戦犯」の合祀を憂うる「幻の歌」が残されていたという。

この記事を見た翌日、筆者は朝日新聞社に電話し、以下のような質問をおこなった。対応されたのは、同社広報室の鶴巻氏の由であるが、回答を求めたにもかかわらず、未だに返事はない。

質問は大要、次の通りである。

第一に、いわゆる「A級戦犯」が合祀されたのは昭和五十三年であるが、天皇の御親拝の中止との因果関係は実証可能かということである。というのは、昭和天皇が最後に靖国神社を参拝されたのは昭和五十年である。そしてそれ以来天皇の御親拝が途絶えたままであることは間違いない。しかしながら、その原因は昭和五十年、当時の三木首相が八月十五日にいわゆる私的参拝なるものを首相として初めて行い、それ以来公的参拝か私的参拝かということが常に問題にされるようになったこと、そしてそれがその後の混乱の発端となったわけであって、御親拝中止の直接の原因は、むしろこのような混乱に巻き込まれることを未然に回避することにあったのではないかということである。

第二に、御親拝は中止されたままであるが、昭和五十一年以降も毎年、春秋の例大祭の折りには、勅使の参向が続けられている。勅使は言うまでもなく、天皇のお使いであり、もし陛下が本当に「A級戦犯」の合祀に反対されて御親拝を中止されたのであれば、勅使など差遣されるはずがないではないか。

第三の質問は、宮内庁としてはあるいは政治的配慮から御親拝の中止を進言したかも知れない。しかしながら、仮にそのような事実があったとしても、そのことと陛下のお気持ちとは別問題である。にもかかわらず「A級戦犯合祀で天皇参拝は途絶えた」と断定するのはミスリードであり、貴社が日頃批判している「天皇の政治利用」を自ら行うことにならないか。

第四は、「幻の歌」のことであるが、そのような御製が本当に存在するのか。しかも、発表できない「幻の歌」などと言われても、読者としてはウラの取りようがないわけだから、そのような記事はそもそもまともな新聞記事とは認められない。

逆に、昭和六十一年の御製「この年のこの日にもまた靖国のみやしろのことにうれひはふかし」こそ、中韓両国の干渉に屈して中曽根首相が靖国参拝を中止してしまったことを憂慮して詠われたお歌であると伝えられており、そのように考える方が納得がいく。

第五に、昭和天皇がマッカーサーに対して、一切の戦争の責任は自分にあるとされたあの御会見を想起すれば、陛下がA級だB級だなどと言われるはずがないし、「A級戦犯」の合祀に反対されるはずもない。そう考えるのが自然ではなかろうか、と。

実は、後日靖国神社において確認したことであるが、昭和五十三年秋のいわゆる「A級戦犯」の合祀の際にも、一般戦没者を合祀する場合と同様、陛下には事前に上奏がなされており、「A級戦犯」の合祀は昭和天皇のご了解のもとに行われている。従って、その合祀を理由に陛下が御親拝を中止されるなどということはありえない。

にもかかわらず、この記事やその元となった徳川元侍従長日記はその信憑性やそれが書かれた背景などについてまともな検証や解説もなされないまま、独り歩きを始めている。専門家諸氏の積極的な発言や反論を期待したいところである。

3　靖国参拝訴訟の問題点

(1)――単なるパフォーマンス

昨年〔平成十三年〕八月に行われた小泉首相の靖国神社参拝を支持する国民は、毎日新聞社の調査では八十三％、共同通信社の調査でも七十四％にのぼったことは、前節で紹介したとおりである。

ところがこの首相の靖国参拝を政教分離違反であるとして反対する人々が、昨年秋から暮れにかけて大阪、愛媛、福岡（十一月）、東京、千葉（十二月）、さらに沖縄〔平成十四年九月〕の全国六ヶ所で訴訟を提起することになった。このうち最初に提訴がなされた大阪では、原告は合計六三九名にのぼるが、その内一一九人は韓国人〔韓国在住〕、あとも大阪近辺のみならず北は北海道から南は沖縄まで及ぶという、異様なものである。

九月十五日付けの『キリスト新聞』によれば、大阪市内で訴訟団が結成され、原告を全国的に募集中とあるから、十一月一日の提訴まで一ヵ月半以上かけてやっと六三九名の原告を掻き集めたことになる。原告側訴訟代理人の中には先の中曽根首相の靖国参拝をめぐる裁判など、各種政教裁判の常連の名も見える。

また松山訴訟の中心人物は、先の愛媛玉串料訴訟と同様、浄土真宗の僧侶、安西賢二氏であり、弁護士の顔触れも玉串料訴訟と変わらない。そして愛媛訴訟の原告は六五名となっている。

このように、今回の靖国訴訟はかなり大規模なものとなっていることは事実だが、先の世論調査でも、首相の靖国参拝を政教分離違反とみる国民は、わずか九％ないし六％しかいなかったのだから、ごく一部の人間が反対していることに変わりはない。

これに対して、周知のように『小泉首相の靖国神社参拝を支持する国民の会』が昨年八月初め産経新聞に掲載した見開き二頁の意見広告には、一人一万円の協力費が必要であったにもかかわらず、わずか半月の間に四千七百人が賛同し、その後も支援の声は相次いでいる。そして八月十五日の靖国神社参拝者は、十二万五千人、神社の境内は身動きできないほどであり、夜になっても参拝する人の列が途切れることはなかった。

ちなみに、日本武道館で天皇皇后両陛下御臨席のもとに行われた全国戦没者追悼式の前後、千鳥が淵戦没者墓苑には数百人程度の人が所在なさそうに立ち尽くしていたが、その中には、あの社民党の土井党首の顔も見られた。土井党首といえば、衆議院議長当時は全国戦没者追悼式にも出席し、両陛下と戦没者遺族を前に得々と反戦の辞を読み上げ、参列者の気持ちを逆撫でした御仁である。ところが議長の職を退くや、全国戦没者追悼式にはずっと見向きもしないでいる。

それはともかく、この靖国参拝訴訟が政治的パフォーマンスにすぎないことは、大原康男国学院大学教授がすでに指摘しておられるとおりである。このことは、後述のとおり彼らの訴えの内容を見れば明らかであり、常識的に考えれば、この裁判がいわゆる門前払いに終わるであろうことは間違いない。

(2)——無理な請求内容

この六つの訴訟の中には、小泉首相や国だけでなく、靖国神社（大阪訴訟、松山訴訟）さらには石原都知事や東京都まで被告に含めるもの（東京訴訟）まであるが、現在、筆者が入手している大阪、松山それに福岡訴訟の訴状を見る限り、請求内容はほぼ共通しており、大阪と松山の訴状などほとんど同じ文面になっている。

さて、その請求内容であるが、共通しているのは、(1)小泉首相（および石原都知事）の靖国神社参拝の違憲確認、(2)原告らに対する損害賠償の支払い、(3)小泉首相（および石原都知事）の将来にわたる靖国神社参拝の差止めである。その理由として、原告らは次のように主張している。

まず、(1)首相らの靖国神社参拝の違憲確認という点であるが、訴状によれば、

①　靖国神社は戦後も引き続き国から「特権」を受けてきた。厚生省が海軍省や陸軍省に代わって、靖国神社に祀る戦没者の名簿を作成して交付し、靖国神社がこの名簿によって新たな祭神

を霊璽簿に書き加え、合祀してきたからである。

② 靖国神社は宗教団体であるが、その神社の宗教施設において首相が祭神に拝礼することは典型的な宗教行為である。

③ 戦没者を追悼することは、宗教行為によることなく可能であるにもかかわらず、あえて内閣総理大臣として靖国神社を参拝する理由は何もない。戦没者の慰霊及び遺族の慰藉ということ自体は、特定の宗教と特別のかかわり合いを持つ形でなくても行うことができるからである。

④ にもかかわらず小泉首相が国を代表し、内閣総理大臣として靖国神社に参拝するという形で靖国神社と特別のかかわり合いを持つことは、一般人に対して国が靖国神社を特別に支援しており、靖国神社が他の宗教団体とは異なる特別のものであるとの印象を与え、靖国神社という特定の宗教への関心を呼び起こすものといわざるを得ない。

⑤ 以上の事情からして、小泉首相の靖国神社公式参拝は、目的が宗教的意義を持つことを免れず、その効果が特定の宗教に対する援助、助長、促進になるものであるから、憲法二〇条三項の禁止する宗教的活動に当たる。

⑥ そして原告らは憲法二〇条によって保障された憲法上の実体的基本権が侵害されたのであるから、出訴適格を有するものであり、裁判所は本件公式参拝が違憲であることを宣言しなければならない、と主張している〔最も肝腎なはずのこの最後の部分は、「実体的基本権が侵害され

た」などと意味不明のことが述べられており、きわめて分かりにくい─筆者、注〕。

次に、⑵損害賠償請求の根拠であるが、訴状によれば小泉首相の靖国神社参拝によって侵害された原告らの権利ないし法的に保護された利益は以下のとおりである。

① 遺族原告らは、肉親の死について他人から干渉・介入を受けることなく静謐な宗教的（あるいは非宗教的）環境のもとで戦没者への思いを巡らせる自由を有するが、首相の公式参拝によってこの自由が侵害された〔福岡訴訟では、「信教の自由（宗教的人格権）」という言い方をしている─筆者、注〕。

② 遺族原告ら以外の原告にとって、首相の靖国神社参拝は自己の信仰や思想に対する圧迫・干渉をもたらし、その信仰・思想信条に脅威を与えた。

③ 在韓遺族原告らは、自らの最愛の肉親が植民地支配の犠牲者・被害者であるにもかかわらず、「侵略者」「加害者」にさせられ、まだその名誉を回復する機会を与えられていない。そのため「民族的人格者」が深く傷つけられた（大阪訴訟、福岡訴訟）。

更に、原告らは、⑶今後も内閣総理大臣による靖国神社公式参拝が繰り返し行われる恐れがきわめて強いとして、首相の靖国神社公式参拝の差止めを求めている。

原告らの請求のうち、第一の靖国神社公式参拝の違憲確認であるが、このような違憲確認訴訟は現行憲法下では認められておらず、不適法として門前払い（却下）されることは、先ず間違いない。

(3)――常識的には門前払いに

周知のとおり、わが国の裁判所は具体的な争訟事件（民事、刑事、行政事件）を前提とし、その事件の解決のために必要な限りで付随的に憲法判断を行うだけであって、具体的事件を離れて抽象的に法律命令等の合憲性を判断する権能を有しないものとされている（判例、通説）。

このように考えた場合、本件においては、後述のごとく原告らの具体的権利や法益が侵害されたわけではないから、損害賠償請求は認められず、民事事件としては成り立たない。

また、本件は愛媛玉串料訴訟のような住民訴訟でなく、また首相の靖国神社公式参拝も単なる事実行為であって処分性はないし、原告らの「法律上の利益」が侵害されたわけでもないから、抗告訴訟の対象にもならない。それゆえ行政事件としても成立の余地はない。

したがって、具体的事件性を欠くから、裁判所としては原告らの主張するような違憲判断を行う余地はなく、抽象的な違憲確認訴訟は認められないはずである。

この点、確かに昭和六三年の殉職自衛官合祀訴訟最高裁判決では、原告の法的利益の侵害の有無の検討に先立って、最高裁は自衛隊山口地方連絡部の職員がなした合祀申請のための協力行為が憲法二〇条三項の「宗教的活動」に当るかどうかを判断している。

しかしながら同事件では、一審、二審判決とも、自衛隊山口地連職員の行為を違憲としていたから、国家行為の合憲性について最終的判断を行うべき最高裁判所が、両判決に応える形で正面から憲法判断を行ったことは当然といえよう。

また、仮に不法行為責任の有無を被侵害利益と侵害行為の態様との相関関係において判断すべきとする相関関係説に立つとしても、本件ではそもそも具体的な権利ないし法益の侵害が認められないことが明らかである以上、侵害行為の態様（つまり公式参拝の合憲性）を先に判断する必要性など毛頭存在しない。

したがって、同判決の手法をここで引き合いに出すのは無理があると思われる。

また、大阪訴訟や松山訴訟では憲法三二条が保障する「裁判を受ける権利」をもとに、裁判所に違憲判断を求めているが、これも認められるはずがない。なぜなら、「裁判を受ける権利」なるものは権利義務に関する具体的紛争の存在を前提として初めて認められる権利であって、具体的には民事、刑事、行政の各事件において裁判を受ける権利を指すからである（判例、通説）。

それ故、本件のように、具体的な権利や法益の侵害が存しないケースでは、裁判を拒否しても裁判を受ける権利の侵害にはならないから、原告の主張には無理がある。

次に、二番目の損害賠償請求であるが、結論的にはこれも認められないから、門前払い（棄却）となることは必至である。

原告らの主張する権利や法的利益のうち、①の「宗教的人格権」なるものは、すでに先の最高裁判決によって明確に否定されている。同判決はいう。「原審〔広島高裁〕が宗教上の人格権であるとする静謐な宗教的環境の下で信仰生活を送るべき利益なるものは、これを直ちに法的利益として認めることができない性質のものである」と。

また、原告らが首相の公式参拝によって、具体的に信仰を理由とする不利益な取り扱いや宗教上の強制を受けたわけでない以上、「信教の自由」の侵害があったということはできない。

②の信仰や思想に対する圧迫・干渉とかそれによる精神的苦痛なるものも、畢竟、一種の不快感、焦燥感ないし憤りにとどまり、法律上慰藉料をもって救済すべき損害には当らない。このことは、昭和六〇年の中曽根首相の靖国神社公式参拝をめぐる裁判の中で、平成元年、大阪地裁が明確に指摘しているとおりである。

更に、③の「民族的人格権」なるものは全く意味不明、少なくとも宗教的人格権以上に曖昧模糊としたものであって、損害賠償の対象となるような権利であるとは、到底認められない。

第三の参拝差止め請求であるが首相に対する参拝の差止めは、三権分立を定めた現行憲法の下では認められず、当然不適法として却下されなければならない。

また靖国神社に対する、首相の参拝を受け入れないようにとの請求も、絶対認められない。なぜなら、裁判所が判決によって靖国神社に対し、首相の参拝を受け入れないよう命ずるなどということがあれば、それこそ国家による宗教の抑圧であり、首相の参拝を求める遺族や靖国神社の信教の自由を踏みにじることになるからである。

以上のような理由から、原告らの請求は、公式参拝の合憲性にまで踏み込んで判断するまでもなく却けられることは間違いないものと思われる。ただ、問題はかつて中曽根首相の公式参拝をめぐる一連の裁判の中で、大阪高裁や福岡高裁が「公式参拝は違憲の疑いあり」などといった傍論を付したことがあることに鑑みて、いかにしてそれを防ぐかということである。

そのためには、原告らの違憲の主張を徹底的に論破し、裁判官が原告側の主張に引きずられることがないようにしておかなければならない。

首相らの靖国神社参拝の合憲性については、すでに第一節および第二節でひととおり論じてきたので、本節では新たに、二点だけ指摘しておくことにする。

(4)―「代替手段論」をめぐって

その第一点は、原告らの主張が専ら愛媛県玉串料訴訟最高裁判決を利用したものであることから、当然この判決を射程に入れた上で、反論を行っておく必要があるということである。つまり、愛媛県玉串料訴訟判決の問題点を批判するだけでなく、仮に同判決の立場に立ったとしても、公式参拝には何ら問題がないことを指摘しておく必要がある。

第二点目は、いわゆる「代替手段論」に対する反論である。すなわち、先に紹介した、「戦没者を追悼することは、宗教行為によることなく可能であるにもかかわらず、あえて内閣総理大臣として靖国神社を参拝する理由は何もない。戦没者の慰霊及び遺族の慰藉ということ自体は、特定の宗教と特別のかかわり合いを持つ形でなくても行うことができるからである」との論法が「代替手段論」である。これは愛媛県玉串料訴訟判決で用いられ、違憲論者のあいだではしばしば援用されているが、この新しい論法に対して、いかに反論すべきであろうか。

これについて、先ず、靖国神社参拝の合憲性そのものが問題とされている際に、戦没者の慰霊や遺族への慰藉は他の手段でも可能であるからとの理由でもって、その合憲性に疑義を唱えるのは、明らかに論理のすり替えであることを指摘しておかなければならない。問題とされているのは、あくまで靖国神社参拝の「合憲性」であって、「妥当性」ではないからである。

現に、津地鎮祭訴訟最高裁判決は、市主権の宗教的儀式である地鎮祭を目的効果基準に基づいて合憲としただけであって、「土地の平安堅固、工事の無事安全等を祈願する」ことは特定宗教とのかかわり合いを持たなくとも可能であるなどとは言っていない。

また、殉職自衛官合祀訴訟最高裁判決も、目的効果基準をもとに、自衛隊山口地方連絡部による「合祀」のための協力行為を合憲としただけであって、「自衛隊員の社会的地位の向上と士気の高揚を図る」ためには、特定宗教とのかかわり合いを持たなくとも可能であるから、護国神社への「合祀」協力行為は違憲である、などとは一言も言っていない。

次にこの代替手段論なるものは、宗教方式と無宗教方式の両者が存在する場合、常に無宗教方式をもってベストと考えるものである。しかしながら現行憲法は宗教を尊重する立場に立っており、宗教を否定するものではない。それ故、問題とすべきはこのような思考方法そのものである。

つまりこれは、政教分離をもって目的と考える、本末転倒した発想に基づくものである。例えば、国葬を考えた場合、先ず政教分離の方を優先し、無宗教方式での葬儀をというのがこの発想である。なぜなら、故人を追悼することは、特定の宗教と特別のかかわり合いを持つ形でなくてもできるからである、と。

しかしながら、政教分離なるものは、あくまで信教の自由を保障するための手段である。したがって旧共産圏等を除けば、国葬という場合、故人や遺族の信仰を尊重し、宗教儀式でもって国葬を営むというのが世界の常識であって、それが自然でもあり、現行憲法もこれを否定するものではない。

とすれば、戦没者の慰霊についても、宗教行為がふさわしい場合には、特定宗教の布教・宣伝等にわたらないかぎりそれを尊重すべきであって、無宗教方式を優先すべきいわれは何もない。

現に、わが国と同じ政教分離国であるアメリカでは、アーリントン国立墓地における無名戦士の墓での埋葬式や定例の戦没者追悼式も当然のこととしてユダヤ・キリスト教方式でもって行われており、「代替手段論」の出番などどこにもないことを想起する必要があろう。

4 憂慮すべき新戦没者追悼施設構想

(1)——平和祈念懇談会の発足

国立戦没者追悼施設の建設について検討する、内閣官房長官の私的諮問機関『追悼・平和祈念のための記念碑等施設の在り方を考える懇談会』(平和祈念懇談会)の初会合が、昨年〔平成十三年〕暮れの十九日、首相官邸で開かれた。

この懇談会は、昨年八月、小泉首相の靖國神社参拝に合わせて発表された問題の多い談話の中で、「内外の人々がわだかまりなく追悼の誠をささげるにはどのようにすればよいか、議論をする必要がある」と述べたことが発端となって、発足したものである。

メンバーは、座長の今井敬経団連会長ら十名で、新聞報道によれば、新たに平和祈念施設を建設する必要があることを明言しているのは三名だけである(朝日一三・一二・二〇)。しかし筆者の推測では、他にも三、四名以上賛成論者がいると思われるし、伝え聞くところでは、明確な反対論者は今のところ二名だけという。それに今回の人選に当っては、当初、施設そのものに反対している人は入れない方針だったと伝えられており（毎日一三・一二・一五）大いに警戒を要する。

ただし初会合では、追悼・平和祈念施設については「あくまで国内問題として検討する」と確認した（朝日）というから、これは大きな成果であろう。つまり昨年夏、小泉首相が靖國神社に参拝した折、中・韓両国によって執拗な内政干渉が行われたが、このことと本件とは別問題であることを官房長官が明言したわけである。それ故、懇談会としては両国の圧力に屈したり、両国におもねったりして結論を出すようなことがあっては断じてならない。

更に言えば、本当に国内問題として考えるというのであれば、国民の大多数は総理の靖國参拝を支持しており、一握りの反対論者を除けば、国内には何の「わだかまり」も存在しない。したがって、懇談会で出すべき結論は自ら明らかであろう。つまり新たな戦没者追悼施設など不要であり、百害あって一利なしと。

(2)——賛成論者の本音

靖國神社に代わる戦没者追悼のための新たな施設を建設しようとする議論は、これまでにも何度かあった。しかしこの問題については、大原康男國學院大學教授がつとに指摘しておられるとおり、中曽根内閣当時の「閣僚の靖國神社参拝問題に関する懇談会」(靖國懇)で既に決着がついているはずである。

大原教授によれば、「靖國懇」の一委員が次のような意見を述べた途端、議論はほぼ終わってしまったというからである。「私はときどき九段界隈を散歩することがある。いつ行っても千鳥ケ淵墓苑には犬ころ一匹もいない。ところが靖國神社には必ず誰かが詣でている。千鳥ケ淵ですらこの通りだ。新しい施設を作ったところで誰が訪れるだろうか。」

「靖國懇」の報告書では、「国民や遺族の多くは(略)靖國神社を、その沿革や規模から見て、依然として我が国における戦没者追悼の中心的施設であるとしており(略)、内閣総理大臣その他の国務大臣が同神社に公式参拝することを望んでいるものと認められる」と述べているが、このことは各種世論調査からも明らかである。

例えば、あれだけマスコミが反対した昭和六十年八月十五日の中曽根総理の靖國神社公式参拝にしても、総理府の世論調査では七二%、NHKの調査でも六二%の国民がこれを支持していたし、昨年八月の小泉総理の公式参拝を支持する国民は、共同通信社の調査で七四%、毎日新聞の調査では八三%もいた。

そしてそれを裏付けるかのように、昨年八月十五日の靖國神社参拝者は十二万五千人にも上り、境内は身動きできない程であったが、千鳥ケ淵墓苑の参拝者はせいぜい数百人というところであった。

ちなみに昨年、首相の靖國神社参拝に反対し、代わりに千鳥ケ淵戦没者墓苑の拡充や新戦没者追悼施設等の建設を提案したのは、鳩山由紀夫民主党代表、土井たか子社民党党首、神崎武法公明党党首などであったが、彼らは千鳥ケ淵戦没者墓苑での慰霊祭にさえまともに参列していない。

同墓苑での厚生省主催の春の慰霊祭（拝礼式）に、土井党首はここ三年ずっと欠席しており、鳩山代表、神崎代表も昨年、一昨年とも本人は欠席である。従ってこれを見ると、彼らの主張は戦没者慰霊のためではなく、単に首相の靖國神社参拝に反対するためのアリバイ作りにすぎないことが分かろう。

こんな調子だから、仮に新戦没者慰霊施設ができたとしても、恐らくほとんど見向きもされないことは、想像に難くない。

(3)――政府答弁書の問題点

ただ、今回は従来と事情が異なる。というのは、首相の靖國神社参拝をめぐり、昨年社民党から五人の議員が質問主意書を提出したが、それに対する政府答弁書の中に極めて問題のある政府見解が含まれていたからである。

それは、辻元清美議員への答弁書である。同議員の「〔国民や遺族の多くだけでなく〕政府自身も『靖國神社を我が国における戦没者追悼の中心的施設』と位置づけているのか」との質問に対して政府答弁書は、「政府としては、靖國神社を『我が国における戦没者追悼の中心的施設』であると位置づけているわけではない。」と回答している。しかしこれは極めて重大である。

というのは外でもない。従来、靖國神社が我が国における戦没者慰霊の中心施設であるということは、単に国民や遺族の多数の思いであるだけでなく、政府自身の立場であったはずだからである。であればこそ、先の大戦における戦没者の合祀に当たっては、国が靖國神社に対して全面的に協力し、官民一体となって合祀事務を進めてきたわけであった。

また昭和四十年代には、靖國神社国家護持法案が国会に数回にわたって提出され、昭和四十九年には衆議院本会議で可決されるまでに至った。

この靖國神社国家護持の問題については、政府側でも昭和四十一年、当時の鈴木善幸厚生大臣が国会で、「憲法等の制約はあるが、実質的には全国民的立場で、国家護持という気持ちで靖國神社を扱っていきたい」(衆議院、社会労働委員会)と答弁している。

さらに、国家護持が憲法上困難とされた後には、せめて首相らの靖國神社公式参拝だけでも実現しようとする国民運動が盛り上がり、これを受けて昭和六十年には、靖國神社公式参拝を合憲とする政府見解が示されるに到ったが、それは何故であったか。

いうまでもなく、それは靖國神社こそ我が国における戦没者慰霊の中心施設であるとの認識と自覚が、多くの政治家諸公さらには政府にも確として存在したからではなかったのか。だからこそ、憲法上の障害を何とか克服し、国家護持や公式参拝を実現しようと努力してきたわけであろう。

他方、昭和三十四年には千鳥ケ淵戦没者墓苑が竣工しているが、その建設に当たって問題となったのが靖國神社との関係であった。すなわち、靖國神社は全戦没者のみたまをまつるところであり、戦没者に対する慰霊の中心として国民的尊崇の本源をなす。しかし新たに建設される墓苑の在り方によっては、将来、戦没者慰霊に関し国民的観念が二元化される危惧がある。

そこで、当時の厚生省引揚援護局長は、同墓苑はあくまで戦没者の無縁遺骨を収納する納骨施設であって、外国における無名戦士の墓とは異なり、全戦没者を祭祀する靖國神社とは根本的に性格を異にすることを明らかにし、昭和三十一年十二月には、当時の逢沢日本遺族会副会長と砂田官房副長官との間で、次のような覚書まで交わされている。

「本墓の建設により、八百万遺族の憂慮している靖國神社の尊厳と将来の維持及び精神的、経済的悪影響の波及しないよう措置すること。就いては例へば国際慣行による我国訪問の外国代表者等に対し、我国政府関係者が公式招待又は案内等をなさざること」（日本遺族会編『英霊とともに三十年』）。

このように、靖國神社こそ我が国における戦没者慰霊の中心施設であることは、国民や遺族だけでなく政府にとっても自明のことであり、仮に暗黙であれ、それを大前提として様々な努力や工夫が試みられてきた筈であった。

(4)――もし新施設ができたら

昭和二十六年十月、講和独立を前にして吉田茂首相が靖國神社に公式参拝をしたことは、当時の朝日新聞が伝えるところである。以後、岸、池田、佐藤、田中といった歴代首相が何度も公式参拝を行ってきた。また、昭和五十四、五年には、クリスチャンとして知られた大平首相でさえ、三度も靖國神社に参拝している。つまり、首相がその信仰や信条とかかわりなく、戦没者の慰霊と遺族の慰藉のため、靖國神社を参拝することは、かつては当然のことと考えられてきたわけであった。

しかしながら、昭和六十年の中曽根首相の参拝以来、首相の公式参拝は十六年間も途絶えたままであったし、閣僚でも、近年においては、靖國神社参拝などまるで念頭にない人々が次第に増えつつある。それどころか、小泉首相の公式参拝をめぐって、足を引っ張ったり、正面からこれに反対するような閣僚まで現われるようになった。

つまり、靖國神社が我が国における戦没者慰霊のための中心施設であり、そこに参拝することは、首相や閣僚として当然であるとの暗黙の了解ないし良識が、今日ではすでに失われつつあるわけである。それに加えて、今回の政府答弁書である。

　このように靖國神社に対する正しい認識と想いを欠いたまま、もし新しい戦没者追悼施設が建設された場合、靖國神社との関係は一体どうなるのであろうか。

　勿論、国民の多くはそんなまやかしの施設など見向きもしないであろう。しかしながら、先に述べたような憂うべき現状を考えると、一方で「政府としては、靖國神社を『我が国における戦没者追悼の中心的施設』であると位置づけているわけではない」と突き放しておきながら、他方で新追悼施設を国が建設し正当化するということになれば、靖國神社の将来は一体どうなるのか、重大な懸念が生ずる。

　それ故、新戦没者追悼施設など断じて建設すべきではなく、このような施設を認めることは絶対にできない。

5　「サンデープロジェクト」の追悼施設推進論について

(1)――許せない田原氏の暴言

――〔平成十四年〕八月十八日に放映された「サンデープロジェクト」（テレビ朝日系列）で、

高市早苗議員が「あの戦争は日本にとって自存自衛の戦争だった」と発言したことに対し、田原総一朗氏が「無知」「下品」等の暴言を浴びせたことが問題になりました。ただ、それ以外にも番組自体が明らかに靖國神社批判、国立追悼施設推進の論陣を張っており、私どもとしても、これに対して明確に反論しなければならないと考えました。そこで、百地先生にお話を伺いたいと思います。

当初、先生にも番組から出演依頼があったそうですね。

百地　最初は首相の靖國神社参拝と国立追悼施設の問題を巡って賛成派と反対派がディベートを行うという話だったのですが、討論の前に流す十分間のビデオが靖國神社を一方的に批判する内容だったのですね。一方的なビデオを十分間も流された後で討論するのでは不公平ですし、時間的にみても十分に反論できるかどうかわかりませんでしたので、最終的にお断りしました。

——実際に番組をご覧になったご感想はいかがでしたか。

百地　あまりにも公平さを欠いており、見るに耐えないというのが率直な感想でした。靖國神社反対、国立追悼施設賛成派の一方的な主張と、宣伝の場に終わってしまった。これは「不偏不党を確保する」という放送法二条にも明らかに違反しています。しかしそのような中で、高市議員には最後まで冷静に、よく頑張っていただきました。

田原総一朗氏が、高市議員に対して「いいいか」などと威圧的、侮辱的な発言をしたことは決して許せませんが、もっと許せないのは、「靖國神社に行くと、あなたみたいな下品な、憎たらしい顔をした人が集まっていて、戦歿者がかわいそうだ」と、靖國神社に参拝している人を「下品で憎たらしい顔をした人」などと決めつけていることです。こんな暴言は絶対に許せない。「無知で下品」で「憎たらしい顔をした人」という言葉はそのまま田原氏に返してやりたいですね。

(2)――番組の狙いは靖國神社への攻撃と追悼懇の擁護

――さて、番組の中でジャーナリストの内田誠氏は「国立追悼施設に賛成する理由」として、①靖國神社は、先の大戦を「自存自衛の戦争」とみて侵略性を否定しており、政府見解と異なる。②靖國神社は、戦没兵士を「顕彰」している。③国の歴史認識に基づき、内外の戦争被害者も含む、ドイツ型の追悼施設が必要、の三点をあげてきました。

百地　まず、この番組の狙いは何だったのかということを考えてみますと、一つは靖國神社に対する攻撃ですね。これまでも靖國神社の過去を問題にし、靖國神社が軍国主義の象徴であったなどという批判はありました。またいわゆる「A級戦犯合祀」に対する批判などもありましたが、現在の靖國神社のあり方そのものに対して正面から攻撃するというのは初めてではないでしょうか。つまり今回は、靖國神社の歴史観を問題にし、靖國神社は戦争を正当化しているんだと決めつけてきた。もう一つは、福田官房長官の下で進められている「追悼・平和祈念のための記念碑等施設の在り方を考える懇談会（追悼懇）」の擁護です。追悼懇の議論は、当初インターネットで議事録が公開されていましたが、それを見ると例えば日本を侵略した敵国兵士や不審船の乗組員まで追悼の対象にするといった非常識極まる議論がなされていて、国民から猛批判を浴びることになりました。そのため、追悼懇では、急遽「勉強会」という名目で議事録を非公開にしてしまった。そこで、サンデープロジェクトがドイツの例を持ち出してきて、敵国兵士を祀るという例はドイツにもあるし、追悼懇の議論は決して非常識ではない。むしろ大いに参考にすべきではないかという形で追悼懇を援護射撃してきたのではないかと思います。

では、内田氏が提起した三点について、それぞれ見ていきましょう。

まず第一点目の「靖國神社は、先の大戦を『自存自衛の戦争』とみて侵略性を否定しており、政府見解と異なる」との批判ですが、内田氏はそもそも何をもって「侵略」というのか。「侵略」概念の定義もまともにしないまま一方的に「侵略戦争だ」と決めつけているところに問題があります。これは田原氏も同じです。先の大戦は、高市議員の指摘の通り、我が国はあくまで「自存自衛の戦い」と位置付けて戦ったのであって、これは当時の国際法に則った正当なものでした。確かに一九二八年に締結された不戦条約ではいわゆる「侵略戦争」が禁止されましたが、これは佐藤和男青山学院大学名誉教授が指摘しておられるとおり、正確には「アグレッシヴ・ウォー」、すなわち「外国から挑発も受けないのに一方的に攻撃を仕掛ける戦争」を禁止しただけなのです。自衛戦争は禁止されていない。そして、何をもって「自衛戦争」と見るかは各国に判断権が委ねられていた。ですから、当時、わが国に対する経済封鎖、たとえば対日石油全面禁輸等によってＡＢＣＤ包囲陣が強化されていく中で、わが国はやむを得ず起ち上がったのですから、日本国政府がこれを「自存自衛のための戦争」と位置付けたのは、この不戦条約にも適っているわけです。

(3)――満州事変と支那事変は「侵略」か

百地　もう一つ指摘しておきたいのは、一九五一年にマッカーサーがアメリカの上院で「日本が先の戦争に赴いたのは、主としてセキュリティーの為であった」と発言していることです。東京裁判で日本を侵略国と決めつけた当のマッカーサー自身が、自衛戦争だったと認めているのです。

――その点について、田原氏は「『マッカーサー証言』は太平洋戦争についてであって、満州事変、支那事変は全く埒外である」と反論していますが。

百地　確かにそうです。そこで問題になってくるのが満州事変、支那事変の評価です。彼らは昭和六年の満州事変を中国侵略の第一歩と位置付けていますが、東京裁判でワーレン弁護人や岡本弁護人が主張しているように「満州事変は満州における多年の無政府状態と、そこから生ずる幾多の排日暴行事件の『結果』として発生したものである」という側面を見落としてはいけません。確かに南満州鉄道の爆破自体は石原莞爾関東軍参謀等によってなされましたが、事変の前提として、日本の満州における正当な権益に対してソ連の指導下にあった共産パルチザンや張学良ら軍閥政権による度重なる侵害行為があったわけです。激しい排日運動が続き、日本人居留民に対する殺戮、掠奪、暴行等が何百件と起こっていた。その結果ああいう事態に至ってしまったという側面を見ないといけない。つまり柳条湖事件の歴史的評価や当否は別として、先の「侵略」の定義に従うならば、外国から挑発されてやむをえず起こした事件であってこれは侵略ではありません。しかも、満州事変は昭和八年の塘沽(たんくう)停戦協定によって終結しています。だから昭和十二年の支那事変とは直接関係ありません。しかも支那事変のきっかけとなった盧溝橋事件は、中共軍の発砲によって発生したものであることは間違いなく、日本側は戦線不拡大のための努力を続け、度々停戦協定を結んでいます。この停戦協定を一方的に破ったのは中国側でした。このように、先の大戦はもちろん、更に支那事変、満州事変まで遡(さかのぼ)っても、それを侵略戦争と決めつけることはできません。

戦後、満州事変から大東亜戦争までを一括して「十五年戦争」という言い方がなされるようになりましたが、これらの異なる事変や大東亜戦争を一つの戦争と見て、一貫して日本が侵略戦争をしてきたなどというのは歴史的事実に反します。そもそも満州事変も支那事変も「事変」であって「戦争」ではない。確かに当時のわが国の国策や政治的判断が妥当であったかどうかという評価については、今日議論の分かれるところでしょうが、そのことと先の事変や戦争が国際法上侵略であったかどうかは別問題です。

——「政府見解と異なる」という点についてはどうでしょうか。

百地　政府見解についても、細川首相以前の歴代総理は「侵略」という言葉を使っていません。侵略ではないと判断し、あえて「侵略」という言葉を使ってこなかったわけです。ところが平成五年、細川首相が勉強もしないまま不用意に「侵略戦争」と言ってしまった。ただ、この時の発言はあくまでも首相個人の歴史観の表明にすぎず、閣議決定したわけでも、国会で決議したわけでもありません。

——しかし、今の政府は歴史認識の問題が起こるたびに、先の戦争を「侵略」であるとした「村山談話」に基づくという立場で一貫しているように見受けられますが。

百地　確かに、平成七年八月の村山談話は閣議決定されたものです。しかしこんなものは、首相の判断次第でいつでも変更できるものですから、決して不変不動のものではありません。それに村山談話自体、自社さ連立政権の混乱の中で、閣議ではまともな説明も議論もなされないまま、「時間切れ」ということで決定されてしまった（平成七年八月十六日付朝日新聞）。こんないい加減な談話になぜ靖國神社が拘束されなければならないのでしょうか。それに、もし政府見解が変わったら、靖國神社はまた展示内容を変えなければならないのですか？

(4)――「慰霊」に「顕彰」が伴うのは国際常識

――内田氏の二点目の意見「靖國神社は戦没兵士を『顕彰』している」についてはいかがでしょうか。

百地　内田氏は靖國神社の湯澤宮司が新遊就館の開館式の折に「顕彰」と述べられた部分だけを取り上げて、靖國神社は過去の戦争を正当化していると主張しています。つまり戦争が正当なものでなければ顕彰などできるはずがないというわけです。しかしながらこれは、「戦争に対する歴史的評価」と「戦歿者の慰霊」とは異なるということが分かっていない証拠で、明らかに誤りです。

どこの国でも「慰霊」には必ず「顕彰」を伴っています。例えば、ある国の元首が相手国を訪問するというときには、かつての敵味方とは関係なく、その国の追悼施設や無名戦士の墓などで慰霊・追悼と顕彰行為を行う。つまり、その国のために戦った勇士を慰霊・追悼すると共にその栄誉を讃え、国のために命を捧げたという行為に対して敬意を表しているわけです。これは、戦争に対する歴史的評価とは別問題です。

またアメリカのアーリントン墓地ではベトナム戦争での戦歿者も追悼し、無名戦士の墓には

「ここに神のみぞその名を知るアメリカ人兵士、名誉と栄光に包まれて眠る」と記されていま す。ベトナム戦争に対しては、アメリカの中でも批判が多い。しかし、そういう評価とは関係な く、国のために亡くなった兵士を讃えているのです。

イギリスの場合は、ホワイトホール通りの中央にセノタフという戦歿者記念碑があり、そこに は「ザ・グローリアス・デッド（名誉ある死者たち）」という文字が刻まれています。そして追悼 式の祈禱の中では、戦歿兵士の「栄誉をたたえ」という言葉が使われる。しかし考えてみれば、 当時イギリスはアジア・アフリカ諸国を植民地化しており、戦歿兵士の中にはその独立に反対す るための戦争で亡くなったイギリス人兵士もいるはずです。歴史的に見れば、これは当然批判の 対象になります。しかしそのような戦争に対する歴史的評価とは関係なく、兵士の栄誉を讃えて いるわけです。その他、中国は人民英雄記念碑でしたか、ここではベトナムに侵攻した兵士やチ ベットを侵略した兵士達も当然讃えられているはずですが、何の批判の対象にもならない。

このように、国家のために亡くなった戦歿者を国家が追悼する際に、「慰霊」と同時に「顕彰」 を行うのは常識であり国際的な慣行なのです。従って、靖國神社は戦歿者慰霊施設ですが、そこ に顕彰という行為が伴うのは当たり前のことであって、戦歿者を顕彰しているのは戦争を正当化 しているからだなどといった議論は全くナンセンスです。

更に言えば、東京裁判で日本を侵略国と決めつけた旧連合国の軍人達でさえ度々靖國神社に参拝しています。今年の五月にもアメリカの在日将校団が参拝しましたね。また、昭和十七年、特殊潜行艇でシドニー湾を攻撃して戦死した松尾敬宇中佐に対して、戦争中であったにも拘わらず、敵国のオーストラリアはその勇気を讃えて海軍葬をもって弔っているわけです。であるのに、なぜ日本だけが先の大戦で亡くなった自国の戦歿者を顕彰してはいけないのか。国の命令で国のために亡くなった方々は、やはりその国がきちんと顕彰するのが当然です。

(5)──ドイツの追悼施設は日本の参考にならない

──三点目の「国の歴史認識に基づき、内外の戦争被害者も含む、ドイツ型の追悼施設が必要」という意見についてはいかがでしょうか。

百地　この追悼施設は「ノイエ・ヴァッヘ（新衛兵所）」と言われるものですが、では、ドイツは「内外の戦争被害者」を追悼するために全く新しい施設を作ったのかと言うと、そうではないのです。この施設そのものはプロイセン時代に建てられたもので、それが一九三一年に第一次大戦の戦歿者のための追悼所となり、さらに東西ドイツの統一後、一九九三年になってその意味付けが変わり「戦争とナチズムの犠牲者のための記念碑」になっただけです。この点、日本にはすでに百三十年の歴史を持つ靖國神社が存在するにもかかわらず、それに対抗して全く新しい施設を作ろうとしているのが追悼懇の動きでしょう。

ノイエ・ヴァッヘには、確かに戦歿者の慰霊や追悼ではなく、「戦争とナチズムの犠牲者のための追悼施設」と書かれています。しかし、これはドイツの特殊な歴史に起因するもので、日本もこれに見習えというのはおかしい。ナチスはユダヤ人に対してホロコーストという大虐殺、つまり国際法上の犯罪行為を行ったわけですから、ドイツが普通の国と同様に第二次世界大戦の戦歿者を追悼するということになれば、ナチスの指導者や親衛隊員も追悼するのかという問題が起こる。当然旧連合国は反発しますし、ユダヤ人は今でも猛反発し、ナチスの責任追及の手を緩めていません。つまり、全戦歿者を追悼するということになればナチスを肯定し、さらにはナチスの免罪に結びつくのではないかという問題が起って、ドイツでは普通の国のように堂々と全戦歿者を国家として追悼・顕彰できないという特殊事情があるわけです。

一方、日本はあくまで通常の戦争をしただけです。東京裁判で「侵略」の汚名を着せられ、いわゆる「A級戦犯」として処刑された方もいますが、これは連合国が占領行政の一環として一方的にA級、B級、C級戦犯などと名付けただけであって、国内法上はA級戦犯等というものは存在しません。

ただ、以上のような事情にあるドイツでも、コール首相（当時）は全戦歿者を公に追悼すべきだという意見で、実はナチス親衛隊員もノイエ・ヴァッヘにおける追悼の対象になっているのです。ちなみに、ノイエ・ヴァッヘへの入口の説明には、次のように記されています。「ノイエ・ヴアッへは、戦争と暴力支配の犠牲者を追悼し、祈念する場所である。我々は追悼する、戦争によって苦しんだ諸民族を。…迫害され命を失った市民達を。…世界戦争の戦殁兵士たちを。（以下略）」そしてこの「戦殁兵士」の中には第一次大戦の戦殁ドイツ兵と共に、第二次大戦中に戦死したドイツ兵が含まれている。ですからそこには当然多くのナチス党員の兵士も含まれるわけです。彼らは戦殁兵士ですが、同時に殺害されたユダヤ人や被占領地の住民や戦争捕虜及び反ナチス抵抗運動参加者達にとっては加害者でした。そのため、その犯罪者と犠牲者を同列化するということに対して、未だに批判が続いているのです（南守夫「ドイツ統一と戦没者の追悼①〜③」『季刊　戦争責任研究』第六、七、八号参照）。

——内田氏は「ドイツの追悼施設は、何のわだかわりもない理想的な施設である」と強調していましたが。

百地　そんなことはありません。わだかまり云々という議論をするなら、わだかまりはあります。ノイエ・ヴァッへの開所式の式典の際、抗議行動が行われ逮捕者が出たのですが、この時のことをイギリスの「タイムズ」紙が、「コール首相は統一されたドイツがその死者を公に追悼し、また歴史的な伝統を祝うことのできる『普通の国家』であることを望んでいる」が、「ユダヤ人社会や他の人々はナチスの集団的な免責に繋がるのではないかという現実の危険を見ている。」そして、「今でもドイツの戦死者の公開の追悼は激情と対立を呼び起こすのである」と書いています。これは決して解決することのないドイツの宿命みたいなものでしょうね。ですから、こんなものは全く日本の参考にはなりません。

(6)——靖國訴訟は政治的パフォーマンス

——一方、昨年八月に小泉首相が靖國神社に参拝したことに対し、現在全国各地で訴訟が起こされています。大阪、松山、福岡、東京、千葉、そしてこれから沖縄でも提訴されます（九月三十日提訴）。これらの裁判における原告の主張の是非についてもお聞かせ願えませんか。

百地　論点は、①首相の靖國神社公式参拝の違憲確認、②首相の参拝によって精神的苦痛を受けたことに対する損害賠償、③首相の靖國神社参拝の差し止め、④靖國神社に首相の公式参拝の受け容れ拒否を求めるの四点です。それぞれの裁判によっては、争点はこの中の一部であったりしますが、彼らの主張はほぼこれに尽きています。大阪の訴訟ではこの四点が全部出ていますね。ただ、沖縄では戦場となって住民も被害を被っているという特殊事情から、「平和的生存権」が侵害されたと訴えているようです。

しかしながらこれらはいずれも常識的に考えれば、法的には認められない、門前払いされるような主張ばかりです。ですから、私はこれらの裁判は単なる政治的パフォーマンスでしかないと見ています。そのことは原告の顔ぶれを見ても分かります。例えば大阪の場合、真宗大谷派の僧侶はじめ約七百名が原告になっているのですが、そのうち韓国人が百十九名もいる。在日韓国人ではなく、韓国在住の韓国人がですよ。韓国人が日本の国内問題である首相の靖國神社参拝に対して訴訟を起こすなどということは常識的に考えられません。更に松山では、福善寺という寺をはじめ宗教法人が靖國神社を被告として訴えています。これは政教分離訴訟の名を借りた一種の宗教戦争に他ならず、極めて異常な裁判です。

そこで一点目の「違憲確認」についてですが、わが国の裁判所は、具体的な裁判を行う中でどうしても必要な場合に限り憲法裁判をするという仕組みになっていて、これがわが国の違憲審査制です。前提的付随的違憲審査制などと言います。ですから、国が行った行為に対して直接違憲の確認を求めるなどという裁判はそもそも成り立ちません。そのようなことがもし認められれば、総理の一挙手一投足が直ちに憲法違反に問われ、裁判が続出することにもなりかねませんね。

二点目の「精神的苦痛」については、原告側はその根拠として「宗教的人格権」という言葉を使っていますが、これはすでに昭和六十三年に下された山口県殉職自衛官合祀訴訟の最高裁判決において否定されています。殉職した自衛官を地元の隊友会が自衛隊山口地連の協力により山口県の護国神社に合祀したことに対して、クリスチャンである妻が宗教的人格権の侵害に当たると訴えたわけですが、故人を慰霊追悼することは誰でも可能であって、妻だけが夫の霊を独占できるわけではない。したがって妻にも寛容さが認められるという判決が出ているのです。その最高裁が否定した宗教的人格権を根拠にしているわけですから、常識的に考えればそんな訴えが認められるはずがありません。しかも、この原告団の中には遺族でも何でもない人も入っているわけで、殉職自衛官の妻という特殊な立場にある人ですら認められなかった宗教的人格権なるものが、まして靖國神社の英霊と直接関係のない原告まで首相の参拝によってその宗教的人格権が侵害されたなどと言っても通用するはずがありません。

一方、韓国人遺族は「民族的人格権」が侵害されたなどと主張しています。自分たちは侵略戦争の被害者であるにも拘わらず、加害者として戦争に荷担させられ、朝鮮民族としての誇りを傷つけられたと。そんなことを言い出したら、国内問題である首相の靖國神社参拝について内政干渉され、裁判まで起こされて、傷つけられた日本人の誇り（日本人の「民族的人格権」?）はどうなるのかということになります。したがって、宗教的人格権以上に曖昧模糊とした民族的人格権など到底認められるはずがありません。

三点目の「公式参拝の差し止め」ですが、我が国の憲法は三権分立の原則に立脚していますから、原則として裁判所が首相に対してある行為を命じたり、禁止したりすることなどできません。できることは、せいぜいその行為が違憲であると判断するだけです。同様に、国会に対しても裁判所がこれこれこういった法律を作るようになどと命ずることは不可能です。

四点目の「靖國神社に対し、首相の公式参拝受け入れを拒否するように求める」というのも、裁判所が特定の宗教法人に対して参拝を受け入れてはならないなどと命ずることになれば、それこそ信教の自由の侵害であり政教分離違反になりますから、そんな判決が出せるはずがありません。

(7)――「宗教的人格権」を逆手に取って、遺族・戦友らが法廷で訴え

百地　それから沖縄の「平和的生存権」の問題ですが、これは「全世界の国民が、(略) 平和のうちに生存する権利を有する」という憲法の前文をもとに主張されている権利です。しかし憲法学界では、もともと裁判規範性を持たない前文から具体的な権利を引き出すこと自体に批判があります。また、仮に平和的生存権なるものを認めたとしても、それは平和な状態が続くことによって初めて各種の人権が保障されるという、いわば諸権利を保障するための前提条件に留まり、具体的な権利とは言えません。従って、これもまともな裁判官であれば、こんな主張は当然却けると思います。

以上のように、これらの請求は常識的に考えていずれも簡単に却けられると思いますが、油断はできません。昭和六十年の中曽根首相の参拝の時も、原告の損害賠償請求そのものは却けておきながら、「参拝については違憲の疑いあり」などといった傍論が付いたことがあるからです。

従って、裁判所で原告側に一方的な主張を述べさせてはだめで、こちらからきちんと反論していく必要があります。

それに関連して、非常に興味深い動きがあります。大阪の徳永信一弁護士らがこの裁判への「補助参加」を申し出たことです。「補助参加」というのは、民事訴訟法四二条でその裁判の結果に対し利害関係を持つ者は裁判に参加できることを認めたものです。原告側がわけのわからない「宗教的人格権」が侵害されたなどと言って一方的に感情論を述べているものですから、彼らの主張する宗教的人格権なるものを逆手に取って、この裁判は靖國神社を冒瀆するものであり、仮に違憲判決が出れば、それこそ靖國神社を大切に思う自分たちの宗教的人格権が踏みにじられることになる。従って、この裁判の結論に対しては、重大な法的利益を有する我々は裁判に参加する資格があるんだという理由で、戦歿者の未亡人や遺児、戦友といった方々が補助参加を申し出、法廷で戦歿者を思う気持ち、首相の靖國神社参拝を願う気持ちを切々と訴えているのです。こういう声が全国各地の裁判所であがってくれば、裁判所もこれまでのように一方的に原告側の感情論に動かされて「違憲の疑いあり」などといった傍論をつける可能性は少なくなるのではないかと思います。そういう意味で、この補助参加は非常に画期的なものです。

実はこれに対し、大阪地裁は先日（七月三十一日）、補助参加を認めないという決定を下しました。しかし、その論理に従えば、大阪地裁は当然原告の訴えも却けるべきです。なぜなら、その決定の根拠は、宗教的人格権なるものは法的利益として認められないというものなのですから。したがって、宗教的人格権なるものが法的利益としては認められないとした以上、同じ権利の侵害を理由とする原告の訴えも却けなければ、論理が一貫しません。徳永弁護士たちは、この決定が出た後もさらに高裁、最高裁で争っていくと意気軒昂ですが、更に松山あたりでも補助参加が申請されれば、非常に面白い展開になると思います。

(8)――最高裁は正常化に向かいつつある

――ただ、平成九年の愛媛県玉串料訴訟の例のように、裁判所がおかしな判決を出すという一抹の不安も拭えないのですが。

百地　政教分離訴訟では、最高裁は昭和五十二年の津地鎮祭訴訟、昭和六十三年の山口県殉職自衛官合祀訴訟等、すべて限定分離つまり緩やかな分離の立場で判決を下してきました。ところが、平成九年、愛媛の玉串料訴訟では大法廷が十三対二の圧倒的多数で玉串料を違憲としてしまった。その衝撃は大きかったと思いますが、判決については、玉串料支出は違憲であると主張する憲法学者たちからさえ厳しい批判がなされています。例えば「目的効果基準は緩やかな基準である。にもかかわらずあのように厳格な適用をするのは整合性を欠く（つまり矛盾している）」とか「目的効果基準を採用しておきながら、『目的』についても『効果』についてもきちんと議論していない。これは最初に違憲の結論ありきの判決だ」などといった厳しい批判が続出しています。そして、「目的効果基準をまともに適用するならば、当然三好長官や可部裁判官の言うように玉串料支出は合憲という結論になるはずである」と反対意見の方をむしろ高く評価している。これが有力な憲法学者の声です。

今回、靖國神社のことが問題になっているにも拘わらず、あの玉串料判決が引き合いに出されることは少ないでしょう。結局その程度の杜撰（ずさん）な判決だからで、違憲論者からさえもまともに評価されていないのではないでしょうか。このような矛盾だらけの判決が下された背景には、細川、村山連立内閣時代の混乱の中で、従来だったら最高裁の裁判官にはとてもなれないだろうと思われた人たちが最高裁に入り込み、その一部の確信犯的な違憲論者たちがリードして多数派を形成して、無理矢理ああいう判決を出してしまったのではないかと思える節があります。

しかしその後の動きを見ますと、平成十一年には箕面市遺族会補助金訴訟で最高裁が合憲判決を下しています。また今年〔平成十四年〕七月には、大分と鹿児島の大嘗祭関連訴訟で最高裁判決が出ましたが、第一小法廷、第三小法廷ともいずれも全員一致で合憲の判決を下しました。大分の訴訟では、私も一審段階からずっと大分県に協力してきましたが、一審判決、玉串料判決後の平成十年に出た二審判決、それに今年の最高裁判決とも全て合憲です。そのため朝日新聞などは、最高裁判決の翌日、全員一致で一つの少数意見も付かなかったことに対して不満気な解説を載せていましたが、そういう流れになってきています。

また、最高裁の裁判官も、愛媛県玉串料訴訟で違憲の判決を下した十三人の裁判官は、その後続々と入れ替わっており、今年中には一人を残して全員がいなくなります。これはあくまで想像ですが、当時の最高裁があまりにも異常でしたから、山口長官らが中心となって最高裁の建て直しを図ってくれたのではないかと思っています。ですから、期待できそうな裁判官が多数を占めてきているのではないかと思います。

また判例全体の流れとしても、玉串料判決後の判決では、下級審も含めて、違憲判決よりも合憲判決の方が多くなっています。平成十三年の段階では、合憲判決十一に対して違憲判決は四にとどまります（政教関係を正す会『続・実例に学ぶ「政教分離」』）。それに違憲判決といってもお粗末で、玉串料判決の矛盾した論法をそのまま踏襲してまともに判断していなかったり、目的効果基準を恣意的に解釈して強引に違憲判決を下したりしている。ですから決して楽観ではきませんが、今回、大嘗祭関連訴訟で最高裁が相次いで合憲判決を下したのは、最高裁が正常化の方向に向かいつつあることを示しているのではないかと思います。

（平成十四年九月十七日インタビュー）

補　論　政教分離判例の流れと今後の課題

1　愛媛県玉串料訴訟最高裁判決以後の判例の流れ

〔本書第三章で見たように、〕愛媛県玉串料訴訟最高裁判決は、これが本当に最高裁判決かと目を疑わしめるような矛盾した問題だらけのものです。しかしともかくこのような判決が出てしまいましたので、私なども大原康男先生（国学院大学教授）たちと一緒に、いろいろ判決批判をしてきたわけですが、いまになって考えてみますと、玉串料判決の影はかなり薄いといいますか、あれだけの判決が出たにも関わらず、厳格分離論者とか違憲論者の意気はそれほど上がっていないのではないでしょうか。それは判決そのものが非常に問題のある、矛盾に満ちたものだったからだと私は理解しております。しかし問題は、下級審の裁判官に対する影響です。われわれ研究者は、一個人として判決に対しても自由に批判できますが、裁判官となりますと、現実に最高裁が違憲判決を下しているわけですからこれは無視できない。そうするとこの判決の影響がどの程度及ぶのかということは、かなり注目されましたし、心配もされました。当時、下級審には他にもいくつかの裁判が継続しておりましたので、玉串料判決の影響が懸念されたわけでありますが、この点につきましては、玉串料判決以後の判例の流れを**資料**に掲げましたのでご覧いただきたいと思います。(補注1)

左に合憲判決が掲げてありますが、合憲判決は七件ありまして、その中には憲法判断なしに原告の敗訴を認めたものも含めてありますので、正確にいうと六つですね、現在〔平成十一年九月〕までに六件について合憲判決が出ています。他方違憲判決は二つだけです。従いまして判例の流れとしては、玉串料判決で非常に厳格な分離が示されたにも関わらず、その後の判例の流れというのは、従来と同じように「目的効果基準」に従ってかなり緩やかに判断するような形で、判例の流れが続いているのではないか。まだまだ予断を許しませんが、現状ではそういう方向に向っているといっていいのではないかと思います。

初めに合憲判決をいくつか御紹介しますと

① 大分県「主基斎田抜穂の儀」参列訴訟（福岡高判平成一〇・九・二五）

先ず大分県の「主基斎田抜穂の儀」参列訴訟ですが、ここでは福岡高裁が「大嘗祭」と「抜穂の儀」の公的性格を認めたうえで、知事の抜穂の儀への参列を合憲としております。

そして判決は、本件と玉串料訴訟とは「事案を異にする」と。これは非常に面白い言い方です。ケースが違うというわけですから。判断の基準としては同じ「目的効果基準」を採用した上で、しかし両者はケースが違うから玉串料判決は直接参考にならないということで、独自の論理を展開しているわけです。

判決は、たとえば場所についても抜穂の儀が行われた斎場というのは田圃の中でありまして、儀式のため一時的に設置されたものであった。恒久的な宗教施設ではないから、従って靖国神社の場合とは違うと。あるいは「大嘗祭」とか「抜穂の儀」は、定期的に行われるものではなくて、天皇の一世に一度の行事です。それに対して玉串料は毎年支出されておりました。それから私どもが特に強調したのは、仮に玉串料判決の論理に則って考えた場合、玉串料は支出の対象は宗教団体です。他方、本件の場合は対象が皇室ですから、宗教団体に支出したわけではありません。こういったふうに仮に玉串料判決を踏まえたとしても、明らかに場所も対象も違うし、それから支出の頻度も違います。そのような点を強調したわけですが、それが功を奏したのか福岡高裁は、玉串料とは「事案が違う」、従って本件については独自に判断する必要があるということで、目的と効果を判断しました。そして公金支出の目的は大分県と特定の宗教である神道との結びつきを強化する機運を高めるような宗教的意義をもつものではなく、またその効果においても神道に対する援助、助長、促進または他宗教に対する圧迫、干渉等になるような行為ではないことは明らかであるということで、合憲としております。

②　鹿児島大嘗祭訴訟（福岡高裁宮崎支部判平成一〇・一二・一）

この判決では、知事の「大嘗祭」への参列を合憲としております。そしてここでも本件と玉串料訴訟とは「事案を異にする」といういい方をしております。

③　滋賀県新穀献納行事訴訟（大阪高判平成一〇・一二・一五）

この判決では、「県の公金支出」は合憲とし、「市の公金支出」は違憲としました。マスコミ報道ではあたかも全面的に違憲判決が下ったような報道がなされておりましたけれど、ここでは左の合憲の欄と右の違憲の欄の両方に書き分けたわけであります。

このケースでは、毎年、宮中の「新嘗祭」に全国各県から米と粟が献上されます。その献上に際し、種まきから収穫まで「新穀献納行事」といわれるさまざまな神事や行事をしている県もあれば、特に神事をしないで献上しているところもありますが、滋賀県の場合には米や粟の耕作に当って一年がかりで本格的にいろんな神事や行事を行い、そして収穫した米と粟を宮中に献上しています。そこで原告側は、これら一連の新穀献納行事をもって「献穀祭」という一つの宗教儀式であると考え、憲法違反であると裁判を起こしたわけです。これについて一審判決も、「県の支出」の目的は、あくまで「農業振興」のためであるから問題はないとして、公金支出を合憲としています。

④　神奈川県即位の礼・大嘗祭訴訟（横浜地判平成一一・九・二七）

資料　愛媛県玉串料訴訟最高裁判決以降の判例の流れ

（●：地裁　○：高裁　◉：最高裁）※平成11年10月以降分加筆

	合　憲	違　憲
平成10年	○大分県「主基斎田抜穂の儀」参列訴訟（福岡高判　平成10.9.25） ○鹿児島大嘗祭訴訟（福岡高裁宮崎支部判　平成10.12.1） ○滋賀県新穀献納行事訴訟（県の公金支出について）（大阪高判　平成10.12.15）	●高知県十和村神社修復費補助金訴訟（高知地判　平成10.7.17） ○滋賀県新穀献納行事訴訟（近江八幡市の公金支出について）（大阪高判　平成10.12.15）（傍論）
平成11年	〔●青森県倉石村神社参拝訴訟（原告敗訴）（青森地判　平成11.3.2）〕 ●東京即位の礼・大嘗祭訴訟（東京地判　平成11.3.24） ●神奈川即位の礼・大嘗祭訴訟（横浜地判　平成11.9.27） ●神奈川県皇太子結婚の儀参列訴訟（横浜地判　平成11.9.27） ◉箕面市遺族会補助金訴訟（最一小判　平成11.10.21） 〔○青森県倉石村神社参拝訴訟（仙台高判　平成11.10.28）〕	
平成12年	〔◉青森県倉石村神社参拝訴訟（最三小判　平成12.2.29）〕 ●福岡県戦没者追悼式補助金訴訟（福岡地判　平成12.3.31）	
平成13年	●多摩市戦没者慰霊祭訴訟（東京地判　平成13.7.19）	●愛媛県新宮村観音像訴訟（松山地判　平成13.4.27） ●兵庫県篠山町戦没者慰霊訴訟（神戸地判　平成13.7.18）
平成14年	◉大分県「主基斎田抜穂の儀」参列訴訟（最三小判　平成14.7.9） ◉鹿児島大嘗祭訴訟（最一小判　平成14.7.11） ○神奈川即位の礼・大嘗祭訴訟（東京高判　平成14.9.19）	●佐賀県鳥栖市自治会神社祭典費訴訟（佐賀地判　平成14.4.12） 〔○兵庫県篠山町戦没者慰霊訴訟（大阪高判平成14.9.13）（原告敗訴、但し傍論で「違憲の疑いあり」）〕

これは今年（平成十一年）の九月二十七日の判決ですが、神奈川県知事と県議会議長が今上陛下の即位の礼に参列し、その際に公金が支出されたこと、それから県議会議長が大嘗祭に参列し、その際に公金が支出されたことを合憲と判断しております。そして判決は、即位の礼についても合憲とし、大嘗宮の儀については、直接の憲法判断はしておりませんが、その公的性格を認めています。その上で知事や県議会議長の参列についてはいずれも合憲であるとしました。

これに対して、違憲判決としては、次のようなものがあります。

① 高知県十和村神社修復費補助金訴訟（高知地判平成一〇・七・一七）

ここでは判決は、神社修復のための補助金の支出を違憲としましたが、しかし、「目的効果基準」についてはは何ら言及しないまま、違憲と断定しておりまして、論理もかなり粗雑であり、論評には値しません。

② 滋賀県新穀献納行事訴訟（大阪高判平成一〇・一二・一五）

これは、今触れました滋賀の訴訟で、判決は「市の公金支出」の方は違憲としました。しかし判決の「目的効果基準」の適用の仕方はきわめて恣意的でありまして、「近江八幡市の公金支出」の「目的」は「農業振興」のためであって、世俗的なものであるとしておきながら、宗教的意義は否定できないとしています。つまり玉串料判決の論法と同じで、世俗目的であることを認めておきながら、宗教的意義は否定できないということで、これを違憲としたわけです。しかも違憲であるとしておきながら、原告の請求は却けるという、問題の多い「ねじれ判決」でした。なぜ違憲としておきながら原告の請求を却けたのでしょうか。この点について判決は、次のように言っています。つまり当裁判所としては公金支出を違憲と判断するけれども、公金が支出された当時においては、その点についての確立した解釈はなかった。だから市が公金支出について違憲と判断できなかったことについては責任はないと。ですから公金は返還しなくても良いとして、原告敗訴としておきながら、わざわざ違憲判断をしているわけです。原告の主張が認められないのであれば、それ以上の憲法判断などする必要はありません。にもかかわらず公金支出を違憲としています。

この点、問題となっているのは、公金を支出した当時の合憲性、つまり市が公金を支出したことがその当時違憲であったかどうかということであって、現時点での合憲性ではないはずです。あくまで、その当時公金支出が合憲であったかどうかが問われているはずだと思うのですが、判決の議論は非常に奇妙です。しかしともあれ違憲判決が出ておりまして、これが玉串料判決以後の、ごく大雑把な説明になりましたけれども、判例の流れであります。

津地鎮祭訴訟判決が出て以来、「目的効果基準」に従って緩やかに解釈するという、限定分離解釈がほぼ流れとして確立してきていたわけですが、その中で玉串料判決だけが突出していま す。しかし再び緩やかな政教分離の流れが出来てきているとみていいのではないでしょうか。もちろん楽観はできませんし、将来どういう判決が出るかわかりませんが、取り敢えずはそのように理解していいのではないかというふうに思っております。そして政教分離訴訟判決の流れは再び正常化の方向に向いつつあると、私どもはそのように評価しているわけです。

以上が愛媛県玉串料訴訟最高裁判決以後の政教分離判例の流れでありますが、残された時間を使って、政教分離をめぐる今後の課題について申し上げたいと思います。

2　政教分離をめぐる今後の課題

次に、政教分離をめぐる今後の課題ということで、「国家の宗教的中立性」をめぐる問題を中心にお話をさせていただきたいと思います。

①　国家の「宗教的中立性」

政教分離ですが、これはあくまで信教の自由の保障を確実にするための「手段」です。判例は「制度的保障」という言葉を使っておりますが、政教分離が信教の自由のための「手段」であることは間違いありません。このことは、刑務所の教誨の例からも、おわかりいただけると思います。

従いまして、目的のための手段ということになれば、信教の自由を確保するために、場合によったら政教分離も緩和されうる、さらには政教分離の例外ということもあり得るのではないか。こういうことがまず予想されると思うのです。そこで国家の宗教的中立性ということを考えてみたいわけですが、政教分離につきましては、様々な定義があります。政教分離は国家の宗教的中立性を意味する、こういういい方もしばしばなされます。最高裁の判決におきましても、政教分離というのは国家の「非宗教性」ないし「宗教的中立性」を確保しようとしたものであると、このように述べております。

ただ、私はこれについてはちょっと疑問がありまして、「非宗教性」と「宗教的中立性」というのは、違うのではないかと。「非宗教性」というのは、国家から宗教的色彩を完全に払拭する、宗教的色彩を排除するという意味です。それに対して「宗教的中立性」という場合には、そういう場合もあれば宗派的中立性、つまり宗教そのものは排除せず、各宗教に対して平等に接するのだったら構わないという、宗派的中立性というものも含むと思いますから、最高裁のような言い方は私は疑問であります。そして実はその宗教的中立性の意味をめぐって、まさにこの点が問題になってくるわけです。

先年亡くなられました東北大学の小嶋和司先生は、この政教分離につきまして、憲法は（例えば二〇条三項についていえば）あくまで特定宗教のための宗教活動を禁止したものであって、これは国家が宗教と一切関わってはいけないということを示したものではない。したがって宗教的中立性というのは、いわば無色中立、つまり宗教性を完全に払拭して、国家が非宗教的な中立的な立場に立つというものではなくて、宗教的な色彩というのはある程度つくのはやむを得ない、しかし特定の色だけに染まってしまうというのはまずい。国が特定の宗教団体のために活動を行ったり、特定の宗教団体のために特権を与える、あるいは特定の宗教団体のために何かを行うというのはまずいけれども、宗教そのものを尊重して、平等に扱い、宗教との関わりをもつことはあり得るのだ、という立場をすでに示されているわけです。

この国家の「宗教的中立性」を、国家が一切宗教と関わってはいけないとみるか、それとも信教の自由を保障するためであれば、国家が宗教と関わりをもつ場合もあり得るとみるかという、そういう議論ですが、このような議論が実はわが国と同じ狭義の政教分離国であるアメリカやフランスでも、最近結構なされているようです。

② 「便宜供与（accommodation）という考え方……アメリカの場合

アメリカの議論は国家による政府への「便宜供与（accommodation）」の是非という形で論じられています。この訳はいろいろありますが、国家は政教分離と信教の自由が一見衝突するようにみえる場合には、政教分離と信教の自由を積極的に調整し、信教の自由を促進するために政教分離を緩和する。そして宗教のためにある種の便宜を図ることがある。これが「便宜供与（accommodation）」といわれる問題でありまして、これについては今日この会場におられます、日大の高畑君が専門にやっています。

その具体的な例としては、便宜供与というものを認める学者によってもさまざまでありますが、例えば、マコンネルという人は、議会、刑務所、軍隊などへチャプレン（専属牧師、神父等）を配備することや、教会で宗教教育を受けさせるために、授業時間を短縮し、子供を学校の授業から解放することなどをあげています。これらは信教の自由を促進するためにあえて国が宗教と関わりをもつものであって、憲法上許されるケースであるとみているわけです。ほかにもいろいろありますが、これらは非常にわかりやすい例であります。

このうち、議会のチャプレンについて言いますと、アメリカでは連邦議会や州議会に専属の公務員としての牧師や神父がいて、開会の祈禱を行う。こういうことが行われておりまして、ネブラスカ州でも長老派の牧師がずっと長年にわたって、もちろん州からお金をもらって、議会で毎日の祈禱を行ってきた。これが憲法違反であるということで裁判になった事件があります。「マーシュ事件」といわれるものですが、これについて連邦最高裁判所は、一九八三年、議会での祈禱は憲法に違反しないという判決を下しました。考えてみれば、わが国の国会において、開会にあたり神主さんが祝詞を唱えたり、坊さんが読経をする、それと同じようなことをやっているわけですから、これはすごいことです。もちろん宗教的な伝統の違いもありますから意味合いは全く同じではないかもしれませんが、それに近いことをやっているとみれば良いわけです。これを連邦最高裁は、憲法に違反しないとしたのですが、判決は、立法議会が祈りをもって開会するというのは、アメリカの歴史と伝統に深く根差しておる、国家の社会構造の一部になっているから構わないというわけです。

それからもう一つの解放時間制の宗教教育。アメリカではずっと公立学校で宗教（宗派）教育を行ってきた。ところがそれが憲法上問題があるということになったので、それなら学校の授業を途中で打ち切って、子供を家に帰す。そして子供たちにそれぞれ自分の所属する教会にいって教育を受けなさいという、そういう免除時間制とか解放時間制といわれる制度がありまして、この合憲性が争われた裁判があります。「ゾラク事件」というものですが、この事件におきまして連邦最高裁は一九五二年、「合衆国国民は宗教的国民であって、国が宗教教育を奨励するということは、アメリカの最も良き伝統に従っていることになる。」といっています。つまり宗教のために国が配慮するということは、まさにアメリカの良き伝統に従うものであって望ましいということを述べているわけで、これは便宜供与の典型だろうと思います。こういうことまで認められておりまして、最近では、判例でも便宜供与を積極的に認める傾向が強いようであります。

③　「積極的中立性」という考え方……フランスの場合

フランスについては時間がなくなりましたが、かつてはフランスは厳格分離の国であるとされておりまして、フランスにおける政教分離は「ライシテ」という言葉で説明されてきました。この「ライシテ」は非宗教性というように訳されています。

一九四六年の第四共和制憲法でも、「フランスはライック（非宗教的）な共和国である」というい方をしています。このライシテにはもともと、教皇に対する反発といいますか、反教権主義とか、反宗教的イデオロギー、あるいは宗教に敵対的な無神論思想などといった意味があったようでありますが、しかし今日ではライシテは、単に国家の宗教的中立性を示すものであって、それほど厳しいものではないと理解されています。また宗教的中立性という場合も、国が宗教に配慮するという積極的中立性まで認めるようになってきているわけです。ですからそういう「積極的中立性」という形で、もともと厳格な政教分離国であったにもかかわらず、国が宗教のために積極的に配慮することを認める、そういう傾向がフランスでも見られるようになってきたわけであります（この「積極的中立性」をめぐるフランスの議論については、小泉洋一『政教分離と宗教的自由―フランスのライシテ―』（平成十年）八九頁以下を参照）。

④　我が国の判例、学説の問題点

(a)　完全分離が理想？

ところがわが国の学説、判例においては、最高裁の津地鎮祭訴訟判決でさえ「完全分離が理想である」というようなことをいっているわけです。先程も言いましたように、判決は、憲法は国家と宗教の完全分離を理想としているが、もしそれを貫こうとすれば混乱が生じてしまうから、まあやむを得ない、ある程度関わりを認めましょうというような、消極的な響きがあるわけです。したがって完全分離こそ理想であるという立場です。

玉串料判決でも「戦没者の慰霊及び遺族の慰藉は、特定の宗教と関わり合いを持たなくても可能である」というようないい方をしている。つまり世俗的な「代替手段」がある場合には、それによるべきであって、国家は宗教と関わってはいけないのだと、そういう意味がここには含まれている。つまり国家はできるだけ宗教と関わらないほうが良い、宗教と関わらないで済めば関わらないほうが良いのだというようなニュアンスが、この玉串料判決からは感じられるし、新穀献納行事訴訟の違憲判決でも、何も宗教儀式をやらなくても新穀の献納は可能ではないかという、そういう言い方をしているわけです。

こういう考え方は、いわゆる無宗教方式の全国戦没者追悼式にみられるように、わが国では戦後早くから見られましたが、今日、ますます強まってきているように思います。

(b) 国家の世俗化をめぐって

そこで、このように国家から宗教性を排除する、つまりいわゆる国家の「世俗化」ということですが、実はこの世俗化の問題は、私、全然門外漢でありますから、誤解があったらまたあとで訂正していただきたいと思います。幸い今日は後で質問の時間がないということですので、安心して考えていることを申し上げます。

先程阿部美哉先生（国学院大学学長）からご紹介がありましたホセ・カサノヴァの本（『近代世界の公共宗教』）も、実は先日、翻訳書をたまたま店頭で見付けましたので読んでみると、この問題に触れている。全体を詳しく読んだわけではありませんが、この世俗化の問題を分析した辺りは私にとって非常に有益だったものですから、レジメに挙げてみました。ちなみに東大の方々が編纂された『宗教学辞典』におきましては「世俗化」の説明として、これはもともとはキリスト教の概念であって、財産が教会のもとから世俗の国家のものに移っていく、これを「世俗化」というふうに初めて使ったのである、と。しかし現在ではかなり多義的な概念となっていまして、私の関心からいいますと、そういった財産が教会的な権威から国家の統制下に移るという面と、もう一つは、文化的、精神的な意味において、教育とか科学とか芸術などが教会の支配や監督から解放されていく過程、これを「世俗化」と説明しております。従って、例えば公教育の分野においてもできるだけ宗教というものを排除していく、つまり教会が果してきた役割をだんだん限定してしまう。いろんなところで宗教が本来果してきた公的役割が否定されて国家の非宗教化が進み、宗教は私的な領域に移ってしまうわけです。それが国家の世俗化ということかと思います。

カサノヴァの分析によれば、この世俗化の中には（イ）宗教の衰退、それから（ロ）宗教的領域と世俗的領域の分化。これはもともと宗教的領域にあったものが、世俗的領域に移行していくということも含まれると思いますが、宗教的領域と世俗的領域の分化、これが世俗化の核になっているようです。そして三番目に（ハ）宗教の私事化、つまり本来、公的な役割をもっていた宗教が、次第に私的な個人的なものになっていく。そういう一連の問題を世俗化といっていいのではないかと、そういう説明をしているわけです。

このように考えますと、わが国の最高裁はさっきも言いましたように、できれば国家と宗教は完全に切り離したほうがいい、完全分離が望ましく、理想であると。しかしそれはできないから国家と宗教の関わりをある程度認めざるを得ないという立場です。従って基本的な考え方としては、世俗化ということを積極的、肯定的にとらえているような気がします。それから先程のいわゆる無宗教方式の戦没者慰霊祭等にしても、宗教と関わりなく戦没者を慰霊できるのであるならばむしろそれでやるべきだという議論、これも玉串料判決では違憲理由の一つの大きな根拠になっているわけですが、私はこれを「代替手段論」と仮に名付けました。これは実は公的領域から宗教を排除するという意味では、先の（ロ）に当たるし、慰霊について、私的なものとしてやるのだったら宗教儀式でもかまわない、しかし公的にやることはできないというわけですから、（ハ）の宗教の私事化ということでもあると思うのです。

それから宗教私事論の例として、靖国神社参拝についての次のような理解も、それに当たるのではないか。戦没者の慰霊というのは、国のために亡くなった方々を、国の手で正式に祀る、あるいは国家として顕彰し、国家の立場から慰霊を行う。つまり国が公的に戦没者を慰霊するというところに、戦没者慰霊の本来の意味があると思うのです。ところが政治家の中には、戦没者慰霊というのは個人個人の心の問題だからと矮小化してしまう人が時折、見られる。戦没者の慰霊というのだから、それはもちろん心の問題ですよ、心の問題ですが、しかしあたかもそれがすべてであるかのように誤解されている節がみられる。もし心の問題ですむのなら、公式参拝だろうが私的参拝だろうが、どちらでも構わないはずです。しかし公式参拝の問題は、決して個人の心だけの問題ではない。大臣だから行って欲しい、首相だから国民を代表して公式参拝をして欲しいというわけであって、何も首相の地位にある個人に行って欲しいなんていっているわけではありません。そういう意味合いがどうもわかっていないというか、誤解している面も人によってはあるような気がします。これもある種の世俗化、カサノヴァのいう宗教の私事化の例に当たるのではないかと思います。

(c)　現行憲法下の政教分離と国家の「宗教的中立性」について

この点、現行憲法は「宗教的中立性」の立場をとっていますが、これはあくまで「宗教を尊重」する立場に立っての宗教的中立性です。つまり憲法に対して敵対的な共産圏等の憲法、これは国家の「非宗教性」という立場をとるものですが、それとは違って、信仰の役割を認め、それを尊重する立場に立って書かれている。これが宗教に対する憲法の基本的立場だと思うのです。

したがってこういう立場に立って、政教分離問題を考えていく必要があります。

だから私は、平成元年の日本公法学会におきまして、信教の自由を保障するためには政教分離を緩和するということがあってもいいのではないか、ということを述べたことがあります。緩和なんていいかんわという人もいるかもしれませんが、緩和してもいいのではないかということで、具体的に挙げましたのが、例えば、教誨の例にならって、国公立病院やホスピス、あるいは老人ホーム等で、自由に外出できないようなお年寄りとか患者のために、必要に応じて病院内や施設内に宗教施設を設けるとか、あるいは希望があれば宗教家を呼んでやるとか、そういうことがあってもいいのではないかということでした。政教分離というのは決して靖国神社問題だけではない、非常に幅広い問題ですよ、ということで一寸問題提起をしたことがあるわけですが、そういった形で政教分離を緩和していくこともあり得るのではないか。

もう一つ、この議論は、先程の「国家の宗教的中立性」の解釈とも重なりますが、政教分離を緩やかに解する根拠としては、憲法が「国家と宗教団体の分離」の立場を採用していることがあげられます。先程、憲法の条文を見ていただきましたが、憲法二〇条一項後段は、「いかなる宗教団体も国から特権を受けてはならない」」、というものですし、憲法八九条も「国はいかなる宗教団体に対しても財政援助をしてはいけない」としています。つまりあくまで「国家と宗教団体の分離」ということであって、これは「国と宗教そのものとの分離」とは違う。「国家と宗教の分離（Separation of Religion and Satae)」と「国家と教会（宗教団体）の分離（Separation of Church and State)」とでは異なるわけで、国家から宗教性を排除するというのが「国家と宗教の分離」であり、それに対して「国家と教会の分離」という場合には、国が特定の教会と結びつくことを排除する。しかし宗教一般に対しては好意的な姿勢をとり、宗教と一定の関わりをもつことはかまわないというものなんです。そうしますと、憲法の条文からしても、「国家と宗教団体との分離」という形をとっておりますし、またＧＨＱの憲法の起草者自身が、神道指令は「国家と宗教の分離」の立場に立っているけれども、この憲法は「国家と宗教団体の分離」の立場でいくんだということを、はっきり述べているわけです。従ってこの意味をもう一度考えてみる必要があるのではないか。

しかもこの際に問題となっているのは、あくまで「Church and State」、つまり宗教団体と「ステイト」の分離です。ステイトの意味についてはいろいろな議論がありますけれども、これを「政府」、あるいは「統治機構ないし権力機構としての国家」とみた場合、その前提となっている国家、つまり「共同体としての国家」、あるいは「ネイションとしての国家」というものを考えてみる必要があると思うのです。そうしますと政教分離というのは「ネイション」に関わる問題というよりは、むしろ「ステイト」に関わる原理なんだという、そういう見方ができるのではないか。実はこの点、私自身考えが十分煮詰まっておりませんので、まだ思いつきの段階でありますが、そういう次元から政教分離の意味を整理し、見直してみる必要があるのではないか。

そうしますとここで初めて「市民宗教（Civil Religion）」の問題が出てくると思うのです。わが国では「市民」というと誤解がありますから「国民宗教」あるいは「公民宗教」といったほうがいいと思いますが、この国民宗教という問題が出てくる。

ルソーとかベラーによって主張された、共同体としての国家には国民を統合し糾合していくための「宗教」というものが必要であって、ルソーによれば、これは「人間の宗教」、つまり国境を越えてずっと広がっていく人間の宗教に対して、「国民宗教」と呼ぶことができる。この国民宗教というのは国家に固有の守護神を与え、国民に祖国を崇敬し奉仕するよう仕向ける。そして各国民をまとめて一つに糾合していくような、そういう宗教。ちょっと説明が大雑把すぎるかもしれませんが、そういった国民宗教の必要性について述べております。またベラーもアメリカの先程見ましたさまざまな宗教的な慣行、あれはキリスト教の各宗派の根底において共通する、アメリカ人の共通の信仰といいますか、国民宗教によって支えられている。そしてこれがアメリカの宗教的、文化的な伝統である、というように理解していると思うのです。

そこでそれにならってわが国における国民宗教といいますと、国家神道の復活かと思う人もいるかもしれませんが、別にそんなことを考えているわけではありません。また政教分離をやめて公認教制度を採用しようということをいっているわけでもない。「シビル・レリジョン」をどのように理解すれば良いのか。これにはさまざまな考え方がありまして、例えば宗教そのものを指す場合もありますが、ベラーのように宗教的伝統、文化的伝統というふうにやや広げて考える場合もあります。また、わが国では森孝一教授のように、国民宗教を「国家、民族にアイデンティティを与える宗教体系、価値体系」にまで広げて理解するやり方もあります。あるいは上坂昇氏のように「国家を存続していく上で、公の社会生活上なくてはならない価値観」まで含めて、国民宗教という言葉を使う場合もあります。とするならば、わが国においてそういった広い意味での国民宗教の可能性ということを考えてみても良いのではないか、そんなことを漠然と考えているわけであります。

この点、国家、つまり「共同体としての国家」、ステイトではない「ネイションとしての国家」というものを維持、統合していくためには、何らかの宗教が必要ではないか、それがこの国民宗教といわれるものではないのかと。そうしますと、具体的には先程の世俗化とはまさに反対のことを考えてみる、つまりわが国の伝統的な宗教的価値体系とか、価値観とか、そういったものを復権していく。そしてそのためには、例えば教育現場において宗教的情操教育を行うことを通して、わが国の宗教的伝統に対しても理解を深める必要がある。そういった形での国民宗教の復活といったことを考えることもあっていいのではないか。

この点アメリカでは、大統領の就任式、国葬、戦没者追悼式などいずれもユダヤ・キリスト教式ですが、これらはもともと政教分離とは関係がないような取り扱いがなされているわけです。ほとんど誰も問題にしない。ということは、こういった問題はまさにネイションとしての国家に関わる問題ですから、ステイトとの分離である政教分離の埒外にあるのではないか、政教分離とは別の次元の問題と考えているのではないかと思われるふしがあるわけです。

とすれば、そういう視点に立って、わが国の天皇の即位礼や大嘗祭、あるいは国葬とか戦没者慰霊祭、そういった問題についても考え直してみる必要があるのではないか、というわけであります。

各種政教分離訴訟をみますと、その当事者、つまり原告の人たちは信仰の自由を守るためだといって争っているわけですが、しかし客観的にみるとどうもそうとばかりは思えない。ホンネの部分においては他の宗教を排撃するために、あるいは自分の気に食わない思想や考え方を排除するために裁判を利用しているように思えるところが多いわけです。そうなりますと実はこれは宗教同士の争いでありまして、そんなことをしていれば宗教そのものの弱体化につながる。宗教そのものが衰退してしまうのではないかと。まさにカサノヴァのいう世俗化の一番目のものに当たってしまうと思うのです。これは宗教にとって決して好ましいことではない。もちろん政教分離はきちんとしなければいけないのですが、わが国ではあまりにも異常な形でその種の裁判が行われているのではないかと思います。

従いまして宗教を復権するためにも、そして宗教の公的役割を回復するためにも、許される限り政教分離を緩和していく。さらには政教分離の例外とかいったような見方も、国家論そのものをもう一度見直すことによって、認めることもあっていいのではないかと、そんなふうに考えているわけであります。

補注(1)　愛媛県玉串料訴訟判決以後の諸判決について、やや詳細に解説を加えたものとしては、拙稿「愛媛県玉串料判決以後の政教分離判例」内山忠明・池村正道編著『自治行政と争訟』(平成十五年)を参照されたい。

①　多数意見（要旨）

一　政教分離原則と憲法二〇条三項、八九条により禁止される国家等の行為

憲法二〇条三項にいう宗教的活動とは、国及びその機関の活動で宗教とのかかわり合いを持つすべての行為を指すものではなく、そのかかわり合いが我が国の社会的・文化的諸条件に照らし相当とされる限度を超えるものに限られ、当該行為の目的が宗教的意義を持ち、その効果が宗教に対する援助、助長、促進又は圧迫、干渉等になるような行為をいうものと解すべきである。そして、ある行為が右にいう宗教的活動に該当するかどうかを検討するに当たっては、当該行為の外形的側面のみにとらわれることなく、当該行為の行われる場所、当該行為に対する一般人の宗教的評価、当該行為者が当該行為を行うについての意図、目的及び宗教的意識の有無、程度、当該行為の一般人に与える効果、影響等、諸般の事情を考慮し、社会通念に従って、客観的に判断しなければならない。

憲法八九条が禁止している公金の支出等というのも、公金支出行為等における国家と宗教とのかかわり合いが右の相当とされる限度を超えるものであって、これに該当するかどうかを検討するに当たっては、右と同様の基準によって判断しなければならない。

二　本件支出の違法性

愛媛県東京事務所長であった被上告人中川、同県老人福祉課長であった被上告人泉田らは、被上告人白石が同県知事の職にあった昭和五六年から同六一年にかけて、靖國神社又は護國神社が各神社の境内において挙行した恒例の宗教上の祭祀である例大祭、みたま祭又は慰霊大祭に際して、玉串料、献灯料又は供物料を奉納するため、二二回にわたり各五〇〇

〇円ないし一万円（計一六万六〇〇〇円）を県の公金から支出したというのであり、県が特定の宗教団体の挙行する重要な宗教上の祭祀にかかわり合いを持ったということが明らかである。一般に、神社自体がその境内において挙行する恒例の重要な祭祀に際して玉串料等を奉納することは、時代の推移によって既にその宗教的意義が希薄化し、慣習化した社会的儀礼にすぎないものになっているとまでは到底いうことができず、一般人が本件の玉串料等の奉納を社会的儀礼の一つにすぎないと評価しているとは考え難い。玉串料等の奉納者においても、それが宗教的意義を有するものであるという意識を大なり小なり持たざるを得ないのであり、このことは、本件においても同様である。また、県が他の宗教団体の挙行する同種の儀式に対して同様の支出をしたという事実がうかがわれないのであって、県が特定の宗教団体との間にのみ意識的に特別のかかわり合いを持ったということを否定することができない。地方公共団体が特定の宗教団体に対してのみ本件のような形で特別のかかわり合いを持つことは、一般人に対して、県が当該特定の宗教団体を特別に支援しており、それらの宗教団体が他の宗教団体とは異なる特別のものであるとの印象を与え、特定の宗教への関心を呼び起こすものといわざるを得ない。

戦没者の遺族等の希望にこたえるという側面においては、本件の玉串料等の奉納に儀礼的な意味合いがあることも否定できないが、憲法制定の経緯に照らせば、たとえ相当数の者がそれを望んでいるとしても、そのことのゆえに、地方公共団体と特定の宗教とのかかわり合いが憲法上許されることになるとはいえない。戦没者の慰霊及び遺族の慰謝ということ自体は、本件のように特定の宗教と特別のかかわり合いを持つ形でなくてもこれを行うことができると考えられる。

以上の事情を総合的に考慮して判断すれば、県が本件玉串料等を奉納したことは、その目的が宗教的意義を持つことを免れず、その効果が特定の宗教に対する援助、助長、促進になると認めるべきであり、これによってもたらされる県と靖國神社等とのかかわり合いが我が国の社会的・文化的諸条件に照らし相当とされる限度を超えるものであって、憲法二〇条三項の禁止する宗教的活動に当たると解するのが相当である。そうすると、本件支出は、同項の禁止する宗教的活動を行うためにしたものとして、違法である。

また、以上に判示したところからすると、本件支出は、憲法八九条の禁止する公金の支出に当たり、違法である。

三　被上告人らの損害賠償責任の有無

被上告人白石は、自己の権限に属する本件支出を補助職員である被上告人中川らに委任又は専決により処理させ、靖國神社等に対し、玉串料等を持参させるなどして、これを奉納したものであるところ、本件支出について、その指揮監督上の義務に違反し、これにつき少なくとも過失があったというのが相当である。したがって、被上告人白石は県に対し本件支出により県が被った損害を賠償する義務を負う。これに対し、被上告人中川らは、その判断を誤ったものではあるが、著しく注意義務を怠ったものとして地方自治法二四三条の二第一項後段所定の重大な過失があったということはできない。したがって、被上告人白石以外の被上告人らは県に対し損害賠償責任を負わない。

（多数意見…大西、小野、大野、千種、根岸、河合、遠藤、井嶋、福田、藤井各裁判官）

②　三好長官反対意見（要旨）

一　祖国や父母、妻子、同胞等を守るために一命を捧げた戦没者を追悼し、慰霊することは、国民一般としての当然の行為である。国や公共団体、その長などがこのような追悼、慰霊を行うことは、国民多数の感情にも合致し、遺族の心情にも沿うし、戦没者を手厚く、末長く追悼、慰霊することは、国や公共団体、その長などとして、当然の礼儀であり、道義の上からは義務ともいうべきものである。

そして、一般的にいえば、慰霊の対象である御霊というものは、宗教的意義と全く切り離された存在としては考え難いのであって、ただ追悼、慰霊に当たり、特定の宗教とのかかわり合いが相当とされる限度を超えることによって、憲法二〇条三項等に違反してはならないのである。

二　多くの国民の意識では、靖國神社や護國神社は、戦没者を偲び、追悼し、慰霊する中心的施設となっており、特定の宗教にかかる施設というよりも、特定の宗教を超えての、国に殉じた人々の御霊を象徴する標柱、碑などのように受け取られているといえる。加えて、現実の問題として、戦没者を追悼、慰霊しようとする場合、戦没者すべての御霊を象徴するものは、靖國神社以外に存在しないし、その県などに縁故のある戦没者すべての御霊を象徴するものは、その県などの護國神社以外に存在しない。

三　靖國神社の春秋の例大祭の日は、戦後、彼岸の中日である春分の日及び秋分の日を新旧暦で換算して定めたものであり、みたま祭は、お盆の日にちなんで戦後設定したもので、いずれも追悼、慰霊にふさわしい日であって、例大祭やみたま祭は、靖國神社からすれば、重要な宗教的儀式であるけれども、多くの国民や遺族からすれば、戦没者の追悼、慰霊の行事との意識が強く、祭神を信仰の対象としての宗教的儀式との意識は、一般的ではない。本件金員は、愛媛県東京事務所長が通常の封筒に入れて社務所に持参し、その際、玉串奉奠は勿論、参拝も行われていない。「玉串料」と告げているが、玉串料とは、神式の葬儀の香典の表書でも用いられるところの、神式の儀式に関連して供与するときの一つの名目であって、その名目に、必ずしも供与する側の宗教的意図、目的を見い出すことはできず、必ずしも国民一般がこれを宗教的意義ある供与として意識するともいえない。「献灯料」と告げているが、お盆に祖先を迎えるため提灯を掲げるのは、我が国の習俗である。供与金額は、知事の社会的儀礼として最低限度の額といえるし、供与が毎年されたことは手厚い儀礼上の配慮がされたというべきで、このことから、儀礼の範囲を超えると評価することはできない。

四　愛媛県護國神社の慰霊大祭は、護國神社からすれば、重要な宗教的儀式であるけれども、多くの国民や遺族からすれば、文字どおり戦没者の追悼、慰霊の行事である。金員は、愛媛県遺族会に供与され、同会において、同会会長名を表書した別ののし袋に入れて護國神社に供与されたのであって、県として護國神社に供物料を供与したというべきか疑問であり、少なくとも供与は間接的である。「供物料」とは、神式又は仏式の儀式に関連して供与するときの一つの名目であって、その名目に、必ずしも供与する側の宗教的意図、目的を見い出すことはできず、必ずしも国民一般がこれを宗教的意義ある供与として意識するともいえない。供与金額及び供与が毎年されたことからの評価も、靖國神社について述べたと同様である。

五 我が国では、多くの国民の宗教意識、その日常生活に、異なる宗教が併存し、その併存は、調和し、違和感のないものとして肯定され、一般に、特定の宗教に対するこだわりの意識は希薄で、他に対してむしろ寛容である。特定の宗教のみに深い信仰を持つ人々にも、本件のような問題につきある程度の寛容さが求められる。

六 これら諸般の事情を総合すれば、本件支出は、遺族援護業務の一環としてされたもので、支出の意図、目的は、戦没者を追悼し、慰霊し、遺族を慰めることにあったとみるべきで、多くの国民もそのようなものとして受け止めているといえる。その効果、影響等も、戦没者を追悼、慰霊し、我が国や世界の平和を希求し、遺族を慰める気持を援助、助長、促進するという積極に評価されるべき効果、影響等はあるけれども、特定の宗教を援助、助長、促進し、又は他の宗教に対する圧迫、干渉等となる効果、影響等があるとは到底いえない。これによってもたらされる愛媛県と靖國神社又は護國神社とのかかわり合いは、我が国の社会的・文化的諸条件に照らし相当とされる限度を超えるとはいえない。

③ 可部裁判官反対意見（要旨）

一 津地鎮祭事件に関する最高裁昭和五二年七月一三日大法廷判決の定立した目的・効果基準に従えば、本件は自然に合憲の結論に導かれる。

右事件と本件との事案の相違の最も顕著な点を挙げれば、まず、右事件において憲法適合性が論ぜられたのは津市の主催する地鎮祭であるが、本件における例大祭、みたま祭、慰霊大祭の主催者は、靖國神社や県護國神社であって、県ではない。また、靖國神社についていえば、県東京事務所の職員が、例大祭等に際し、多くは事前に、通常の封筒に入れて玉串料や献灯料を社務所に届けたものであり、知事や職員の参拝もなかった。県護國神社についていえば、遺族会の要請により春と秋の彼岸に近接した日に行われる慰霊大祭に際し知事が遺族会会長に対し供物料を支出した後、遺族会会長名義の供物料として奉納したものである。

目的・効果基準の挙げる考慮要素の①「当該行為の行われる場所」についてみると、多数意見は、例大祭等が、神社の境内で挙行されることを強調しているやに見受けられるが、恒例の宗教上の祭祀が神社の境内において挙行されるのは、当然のことであって、本件支出行為につき〝当該行為の行われる場所〟としての意味を持ち得るものではない。

考慮要素の②「当該行為に対する一般人の宗教的評価」についてみると、神社の恒例の祭祀に際し、招かれて或いは求められて玉串料等を捧げることは、宗教にかかわるものではあるが、それが社会的儀礼としての側面を有することは、到底否定し難い。しかるに多数意見は、地鎮祭の先例を引いて社会的儀礼にすぎないとはいえないとする。地鎮祭は、津市の主催の下に、宗教家である神職が、神社神道固有の儀式に則って、一定の祭場を設け一定の祭具を使用して行ったものであるのに対し、本件は靖國神社等の主催する例大祭等に際して、比較的低額の玉串料等を奉納したというのが実態であって、当該行為に対する一般人の宗教的評価いかんを判定するにあたり、前者は社会的儀礼にすぎないが、後者はそうとはいえないとするのは、著しく評価のバランスを失する。

次に、考慮要素の③「当該行為者が当該行為を行うについての意図、目的及び宗教的意識の有無、程度」についてみると、玉串料等の奉納は宗教にかかわり合いを持つものであり、奉納者においても、それが宗教的意義を有するものであるという意識を大なり小なり持たざるを得ないことは勿論であろう。問題は、その意識の程度である。長年にわたって比較的低額のまま維持された玉串料等の奉納が社会的儀礼としての側面を持つことは、到底否定し難いところである。愛媛県は、靖國神社の例大祭や県護國神社の慰霊祭以外に、千鳥ケ淵戦没者墓地における慰霊祭や全国戦没者追悼式に際しても公金を支出し、沖縄所在の愛媛県出身戦没者のための慰霊塔「愛媛の塔」の維持管理のためにも公金を支出している、という。右慰霊祭、追悼式、愛媛の塔の前での慰霊祭を挙行しているのは、宗教団体ではないが、これらの支出はすべて戦没者の慰霊、遺族の慰謝が目的であると主張されているのに、靖國神社と県護國神社のみが宗教団体であることを捉えて、「県が特定の宗教団体との間にのみ意識的に特別のかかわり合いを持った」とするのは、判断として公正を欠く。

考慮要素の④「当該行為の一般人に与える効果、影響」についてみると、当該行為の効果が宗教に対する援助、助長、促進又は圧迫、干渉等になるか否かの判定は、多数意見や本件一審判決のように、専ら精神面における印象や可能性や象徴を主要な手がかりとして決せられてはならない。このように抽象的で内容的に具体的なつかみどころのない観念が指標とされるときは、違憲審査権の行使は恣意的とならざるを得ない。

以上のように、玉串料等の奉納行為が社会的儀礼としての側面を有することは到底否定し難く、そのため右行為の持つ宗教的意義はかなりの程度に減殺されるものといわざるを得ず、多数意見のいう援助、助長、促進に至っては、およそその実体を欠き、徒らに国家神道の影に怯えるものとの感を懐かざるを得ない。

二　憲法八九条適合性についても目的・効果基準に従い判断することは是認される。本件支出は、その目的、効果、支出金の性質、額等から考えると、特定の宗教組織又は宗教団体に対する財政援助的な支出とはいえないから、同条に違反しない。宗教関係学校法人に対する巨額の公金の支出が平等原則の故に是認され、もしそれが許されないとすれば即信教の自由の侵害になると論断されるのであれば、他の戦没者慰霊施設に対する公金の支出が許されるなら、同じく戦没者慰霊施設としての基本的性質を有する神社への五千円ないし一万円という微々たる公金の支出が許されないわけがない、もし神社が「宗教上の組織又は団体」に当たるとの理由でそれが許されないとすれば、即信教の自由の侵害になる、といわなければならない。

資料(2) 靖国神社外国人参拝記録（明治二十年～平成七年）（『靖国神社百年史事歴年表』（昭和六二年））を元に作成

① 戦前

年	月	日	参拝者	随員
明治二十	九	二十二	シャム国王の弟外務大臣デヴァウォングセ	十余名
四十五	七	十	アメリカ・ハーバード大学名誉総長エリオット博士	―
大正三	十二	十四	イギリス司令官少将バーナジストン 参謀ブリングルー・副官モーア等	―
八	一	十九	フランス航空将校団	計四十一名
	七	三十一	ロシア将校チホプラゾフ中佐・ムイソニコフ中佐	十七名
九	七	七	ルーマニア皇太子カロル	四名
十一	一	二十二	フランス元帥ジョッフル（第一次大戦時連合国最高司令官）	三名
	四	十八	イギリス皇太子エドワード・アルバート（エドワード八世）	五名
十二	三	十三	フランス海軍少将シリー・同国大使	四十四名
	四	二十五	イタリア駐剳大使並びに同国海軍将兵以下	百三十二名
	七	十一	ソビエト社会主義共和国連邦外務委員ヨッフェ秘書シュワルサロン	二名
	十	二十七	アメリカ代理大使ジェファーン・カッフェリー	十二名

十三	五	十五	仏領印度支那総督メルラン・フランス大使クローデル並びに同国艦隊司令官属員以下	五名
	十一	二十四	シャム皇族プラヂャホップ一行	計八名
十四	四	四	フランス実業団員	計二十五名
	七	二十九	南洋群島原住民二十五名・内地人三名	―
	九	三十	訪日イタリア飛行士空軍中佐デピネート	―
	十	十六	中華民国陸軍総長呉光新	三十七名
	十	二十三	ポーランド公使パーテク	―
	十二	二十四	イタリア軍艦リビヤ号艦長、将校十一名	百十八名
十五	六	三	デンマーク飛行士	計二名
	八	十一	南洋群島原住民オドイ	十八名
	九	七	ポーランド飛行士二名・公使館員一名	―
	九	十二	スウェーデン皇太子グスターフ・アドルフ、同妃	―
	十一	二十	東洋赤十字社総会に出席の各国代表者一行	計三十六名
	十二	三十	アルゼンチン海軍将校	計三十一名

昭和二	一	五	アルゼンチン海軍将校	計三五名
	四	二十二	チリ武官・スペイン武官各一名	—
	五	二十九	ドイツ軍艦エムデン号乗組の海軍士官候補生	計二百名
	九	五	チェコスロバキア陸軍中佐飛行士スカラ	—
	十一	十四	フランス航空兵少佐	—
	十一	二十五	イタリア極東艦隊司令官海軍少将ルイージ・ミラリア	計十名
三	七	二十六	イタリア特命全権大使アロイヂー男爵	四名
	十二	八	イタリア軍艦将兵	計十三名
四	五	五	イギリス国王ジョージ五世第三王子グロスター公ヘンリー	六名
	八	二十	ツェッペリン伯飛行船乗組員ブウッシュ	計九名
	十	二十五	フランス極東艦隊司令官海軍少将ムーゼ	計六名
	十一	二十六	シャム皇弟参謀総長アロングコット	二名
五	三	十八	デンマーク皇太子クリスチャン・同妃、皇弟ハラルド・同妃、駐日大使等	計九名
	十一	七	フランス陸軍ハイホール等	—
六	四	八	シャム皇弟ラマ六世・皇后	—

	六	十七	フランス極東艦隊司令長官海軍中将エル	三名
	七	九	ドイツ軍艦エムデン号艦長ウィット・ヘフト	—
	八	七	イギリス女流飛行家エミー・ジョンソン	—
	八	二十七	アメリカ飛行士リンドバーグ夫妻、駐日大使フォーブス夫妻	—
七	三	二	イギリスのリットン卿、フランスのクローデル将軍、アメリカのマッコイ将軍、ドイツのシュネー博士、イタリアのアルドロヴァンヂ伯一行	—
	三	二十六	ジュネーブ万国赤十字社委員シドニー・ブラウン	—
	四	十二	フランス大使館附武官海軍中佐ノへ	—
	七	一	満州国訪日特派代表丁鑑修（交通総長）	計二十名
	七	六	駐日カナダ公使ハーバード・マーラー等	—
	九	四	オーストリア選手引率者シュミット博士並びに選手二名	—
	九	五	フランス極東艦隊司令官ベルツロー将軍	計六名
	十	十九	満州国承認答礼の特使謝介石（外交総長）	—
	十	二十一	ペルー前陸軍大臣フェリペ・デラ・バラ	計四名
	十	二十七	イタリア軍艦リビア号艦長海軍大佐伯爵グイド・バッケ	計二百名

八	三	八	イギリス作家バーナード・ショー	—
	四	四	フランス練習艦隊ジャンヌ・ダルク号艦長海軍大佐マルキ	計四名
	四	五	フランス練習艦隊乗組少尉候補生	計五十名
	四	六	フランス練習艦隊乗組少尉候補生	計五十名
	六	三	アメリカ極東艦隊司令官海軍大将テーラー以下乗組将校	—
	六	五	アメリカ極東艦隊乗組水兵	約三百名
	六	二十二	スウェーデン王子カール	—
	九	三十	イギリス支那艦隊ケント号・ファルマス号乗組員海軍兵曹長コール	計六十八名
九	一	十一	ドイツ大使ディルクセン、大使館附武官海軍中佐ネッカ	—
	三	七	フランスの女流飛行家イルズ嬢、大使館附武官マスト中佐	—
	三	二十七	満州国特使鄭孝胥・熙洽	—
	四	十七	イタリア軍艦クワルト号乗組員	計百五十名
	〃	〃	イタリア軍艦クワルト号艦長海軍大佐ブリボネシ	計八名
	四	二十五	ドイツ大使館附武官陸軍中佐オット	—
	六	一	ベルギー特派大使（国賓待遇）ウィリアム・タイス	—

	十	十六	アメリカ陸軍少将フランク・パーカー	—
	十	二十	万国赤十字社国際会議に列席のため来日中の各国代表委員	計二百名
	十	二十六	ドイツ武官ゴター大佐	計四名
	十二	二十六	イタリア大使館附武官陸軍大佐エンリコ・フラッティーニ 同陸軍大佐ググリエールモ・スカリーセ	—
十	一	十四	スペイン練習艦ファン・セバスチャン・エルカーノ号 艦長海軍中佐モレーノ	計二十三名
	三	十	シベリア会代表陸軍大佐フ・エ・ポロテコフ	計十名
	四	七	満州国皇帝溥儀	四十八名
	五	四	アメリカ・アジア艦隊司令長官海軍大将F・P・アッパム	計五名
	七	二十九	シャム国無任所大臣海軍軍令局長ルアン・シン	計六名
	九	十九	駐日エチオピア領事館秘書アト・ダバ・ビルウ	—
	十	二十一	フランス極東艦隊司令長官海軍中将エストバ	計四名
	十二	十四	ベルギー経済使節商工業委員長ロドルフ・ヴァン・ルー	計四名
十一	五	二十六	アメリカ・アジア艦隊オーガスタ号司令長官海軍大将マーフィン 以下高級士官	計五名

	六	二十六	イギリス大使館附武官陸軍少将F・S・ピゴット	計六名
	九	二十三	ブラジル使節団（国賓待遇）	計二十八名
	九	二十六	シンガポールイギリス軍司令官陸軍少将ドッピー 大使館附武官陸軍少将ピゴット	―
十二	一	十九	ドイツ軍艦エムデン号艦長ローマン以下乗組員三百名 大使館附武官海軍大佐ウェネッケル	―
	二	十八	ローマ法王代表使節カーディナル・ドハティ師（国賓待遇）	計十名
	四	十六	チリ経済使節団マキシミリアーノ・エラースリス	計九名
	六	八	ブウリクベク大院長シメオン・ダニエル・モール 湯ノ川天主園神父アンドレ・レブラン	―
	六	二十二	シャム海軍中将ルアン・ナオ・ポルラクサ	計九十七名
	七	三	フランス極東艦隊司令長官海軍中将ルビゴ以下二名、大使館附武官同艦隊乗組員約百名	―
	九	二十九	コスタリカ前外相・大蔵・商工大臣ラウル・グルヂャニ夫妻	二名
	十一	十一	満州国総理大臣張景恵	計十六名
	十一	二十九	万国赤十字社本部派遣員ワットビル大佐	計三名

十三	三	十八	ドイツ衛生視察員ナチス陸軍中将ゲークルウィン	計九名
	三	二十	イタリア訪日親善使節団団長侯爵バウルッチ	計二十二名
	四	十九	イタリア極東艦隊モンテ・クッコリー号艦長海軍大佐 アルベルト・ダ・ザラー	計三百五十名
	五	九	イタリア経済使節団団長エットレ・コンティ	計二十四名
	八	十二	横浜入港中のアメリカ巡洋艦マーブルヘッド号乗組水兵	多数
	八	十七	ドイツ青少年団（ヒットラー・ユーゲント）訪日親善使節団団長 ラインホルト・シュルツ	計三十一名
	九	九	ブラジル陸軍観戦武官陸軍少佐フィゲレード	―
	九	十五	ペルー経済使節団エデ・ラフィレネル	計二十六名
	九	十六	シャム砲艦ドンブリ号乗組員	計七十名
	十一	三十	ペルー前首相ホセ・デラ・リヴァ・アグエロ	計五名
	十二	一	ドイツ航空機コンドル乗組員ヘンケ	計六名
	十二	九	元アメリカ大使館附武官バーネット少将	―
十四	四	十	イタリア軍艦バルトロメーオ・コッレオーニ号司令官	計五名
	四	一九	アメリカ軍艦アストリア号艦長リチャード・Ｋ・ターナー	計二十名

	四	二十八	ドイツ訪日記者団団長リヒァルト・フェルスター	計十五名
	五	五	ドイツ飛行士訪日団団長ガブレンツ	計十二名
	六	十七	ドイツ医師院外国部長医学博士カール・ヘーデムカンプ	計一名
	九	二	ドイツ大使館附武官リイッツマン大佐	計五名
	十一	一	ドイツ大使館附武官イリッツマン大佐・マッキー大佐	計三名
	十一	二	イギリス大使館附武官陸軍少将S・G・ピゴット	—
	十二	七	ボリビア訪日視察団団長ロベルト・オルモス	計十二名
十五	二	十八	アルゼンチン経済使節団長フェデリコ・エメ・キンターナ	計十五名
	三	十九	イタリア大使アウリッチ	二名
	四	十三	メキシコ経済使節団エルネスト・イダルコ	十七名
	四	二十六	ドイツ親善使節団団長公爵ゴター	七名
	六	七	スペイン経済使節団長アルベルト・カストロ・ヒローナ	十七名
	六	十三	中華民国前臨時政府代表王克敏	三名
	六	二十一	アルゼンチン海軍アルゼンヘナ号乗組員	約二百名
	六	二十七	満州国皇帝溥儀	—

十六	四	十一	アフガニスタン経済使節団	計十三名
	四	十三	タイ無任所大臣陸軍大佐P・パーモン・モントリー	計三名
	四	二十三	ルーマニア公使ジョルジュ・パグレスコ少将	計六名
	〃	〃	パナマ公使アンジェロ・フェラーリー	計二名
	四	二十八	タイ王族ワンワイ・タヤコーン・ワラワン	計七名
	五	六	ドイツ経済使節団ウォルヘルト	計六名
	六	十九	中華民国国民政府行政院長・汪兆銘（汪精衛）	十一名
	九	十八	メキシコ特命全権公使陸軍中将アメスクア	計七名
	十	二十	ドイツ大使オットー	計二名
	十二	十二	ドイツ大使オットー以下館員一同	―
	〃	〃	イタリア大使マリオ・インデン	計六名
	十二	十九	ルーマニア大使ジョルジュ・パグレスコ	計三名
十七	二	十六	ドイツ大使オットー	五名
	〃	〃	イタリア大使マリオ・インデン	四名
	三	十八	満州国建国十周年謝恩特派大使張景恵等	計二十四名

	四	二十六	日泰同盟慶祝使節団長ピヤ・パポン・ポンパニハ・セーナー中将	計十四名
	九	十九	ブルガリア公使ヤンコ・ペイエフ	三名
	十	十一	ドイツ武官ギュンター・ガンプリッヒ	三名
十八	三	九	ドイツ軍艦艦長海軍大佐ヘルムート・フォン・ルクテシェル	四名
	三	十	ドイツ大使スターマー	三名
	三	二十	ビルマ行政府長官バー・モウ	十六名
	五	二十七	海軍記念日祭にドイツ・スターマー大使夫人 イタリア・バルサモ中将夫人参列	—
	八	四	タイ外務大臣ウイチット・タワカーン	計七名
	八	十五	マライ・スマトラ訪日視察団 イブラヒム・ビン・ハジ・ヤコフ・モハメット・シャフイ	三十名
	八	二十五	タイ軍事使節団団長クリアンサック・ピチット	十五名
	八	二十七	イタリア海軍カテリヤ号艦長海軍少佐マツゼルラ	—
	九	六	タイ訪日視察団一行代表M・スタルジョ	計三十二名
	十	一	フィリピン独立準備委員会委員長ホヒ・P・ラウレル	計八名

	十一	十一	ビルマ特派大使テーモン	計七名
	十一	一	チャンドラ・ボース	—
	十一	二	汪兆銘、張景惠等	—
	十一	八	バー・モウ及びワンワイ・タヤコーン等	—
	十一	十三	華北政務委員長王克敏	六名
	十一	十四	ジャワ中央参議院議長スカルノ	三名
十九	四	八	フィリピン大使ホルヘ・B・バルガス	—
	四	二十	フィリピン答礼特派大使ベニグノ・エセ・アキノ	計八名
	四	二十七	ドイツ青少年団（ヒットラー・ユーゲント）団長ラインハルト・シュッツェ	計六十七名
	五	一	ルーマニア代理公使ニコライ・ラトレスク	一名
	五	十五	ビルマ特派大使バ・ハン	計三名
	六	四	フィリピン代理大使フランシスコ・ラビデス	二名
	十一	二	自由インド仮政府首班スバス・チャンドラ・ボース	計四名
	十一	十八	ビルマ首相ウ・バー・モウ	計七名

二十			
一	二	満州国帝国大使　王允卿	五名
二	八	フィリピン国大使　ホルヘ・ビー・バルカス	一名
三	一	駐日満州国特命全権大使　王允卿	五名
三	八	フィリピン国大使　ホルヘ・ビー・バルカス	一名
四	八	フィリピン国大使　ホルヘ・ビー・バルカス	一名
四	二十六	満州国特派大使　張恵景	九名
五	八	フィリピン国大使　ホルヘ・ビー・バルカス	一名
六	八	フィリピン国大使　ホルヘ・ビー・バルカス	一名
六	三十	フィリピン共和国大統領ホセベ・ラウレル	―
七	八	フィリピン国大使　ホルヘ・ビー・バルカス	一名
八	八	フィリピン国大使　ホルヘ・ビー・バルカス	一名

② 戦後

昭和二十一	二	十五	オーストラリア軍バルフォア大佐、連合軍総司令部民間情報教育部バーファン少佐	―
	三	二十二	連合軍総司令部空軍士官ロバート・G・ガード	二名
二十二			―	―
二十三			―	―
二十四			―	―
二十五	十一	十三	インド　ナグプール市　S・D・シャルマン	―
二十六			―	―
二十七			―	―
二十八	七	七	パキスタン　カラチ市　マスター	二名
二十九	三	三	アメリカ軍陸軍大佐ウィリアム・フリベリック	一名
	四	二十六	国連軍主席参謀陸軍大佐ジェームズ・ターレント	二名
	八	二十一	世界戦争参加者同盟（WVF）秘書長代理　ロバート・H・ヨークム夫妻	―
	十二	五	ドイツ　ハンブルク市　ユーゲン・ホイゼン	一名

三十	四	八	豪、ビクトリア州労働党代議士ダース、自由党代議士ノルマン、新聞記者コールター、同シェフホード	一名
	五	六	フィリピン未亡人ビラー・M・ノルマンディー夫人	計十名
	七	三十	ベトナム・カオダイ教代表団々長レイ・テン・フック	計五名
三十一	四	十九	中華民国親善使節団長・立法院々長張道藩	計十八名
	五	十七	ビルマ政府最高顧問ウー・テイ・テイラ大僧正	一名
	五	三十一	イギリス連邦在日軍最高司令官陸軍中将R・ビエールンス	三名
	七	二十	世界戦争参加者同盟（WVF）事務局次長ウィリアム・J・ナイト	二名
	七	二十八	シンガポール前市長デビィッド・マーシャル	一名
	七	三十	世界戦争参加者同盟（WVF）事務局次長ウィリアム・J・ナイト	二名
	九	二十四	WVFより派遣の、傷痍軍人日本更生援護施設視察団団長 E・J・ダバンラー、同研究団団長A・イノセンテス博士	九名
三十二	四	三	日華協力委員会中国側委員　谷正綱	十名
	九	四	アメリカ・コーネル大学教授ハリダス・T・ムズンダア博士	一名
三十三	二	四	パナマ共和国駐日大使　リカルド・マルテネッツ	一名

	九	十一	駐日コロンビア代理大使ヒラルド・ロンドニヨ夫妻	—
	十二	五	フィリピン島戦争未亡人会会長ヴィクトリア・A・D・ジュサス 同在郷軍人会会長フランシスコ・D・オフマリア	—
三十四	一	十一	NHK交響楽団指揮者ウィルヘルム・ロイアール	一名
	三	十三	アメリカ・ニューヨーク市リンカーン・カステー	計七名
	四	二	インドネシア共和国国会議員マルスキー・ヤテム、M・ヌール、L・エブラヒム	二名
	四	五	トルコ共和国国防大臣（副首相）エテム・メンデレス 駐日大使アンデリマン	四名
	六	十二	インドネシア・ジャワ・バニュマス州衛生局局長ブロトセノ セベレス島衛生局長トマンケン女史 インドネシア保健省企画課長リザリノール氏 スマトラ・パレンバン州衛生局長スチアルジョ氏 ジャカルタ市衛生局長スワルノ氏	—
	六	二十六	在日アメリカ軍第五空軍 空軍中佐フレデリック・B・マックイントス夫妻	—
三十五	三	十	WVF事務総長カーティス・キャンペイン	二名

	三	二十三	前ビルマ首相ウ・ヌー	—
	五	十九	インドネシア・ジャカルタ市、シッダータ・コロポキング	—
三十六	二	十一	オーストラリア人メイ・フォン・ハウエル	—
	四	六	アメリカ大使館附ドナルド・ハーレット夫妻	—
	十一	十一	WVF代表スタンレー・アレン夫妻	一名
	十二	十五	アルゼンチン共和国フロンディシ大統領夫妻 並びに同国実業団一行	三十七名 約百名
三十七	四	三十	元連合軍最高司令部宗教関係担当ウッダード 座間・厚木・立川・横田・横須賀各基地駐留アメリカ軍将官夫人団	約百五十名
	五	八	奈良県カトリック教会司祭助任 トニー・グリン神父（オーストラリア人）	計四名
	十	十四	WVF副会長レックス・デ・コスタ博士	一名
三十八	二	十一	フランス艦ジャンヌ・ダルク号艦長海軍大佐A・M・ストレリー 護衛艦ビクトール・シェルシェ号艦長海軍大佐 A・L・ド・ラバレット以下士官候補生・乗組員	百八十名
	二	二十六	駐日ドイツ大使館附武官ポーセル大佐、新任ボーデ中佐	—

	五	三十	オーストラリア人メリーア・M・アッシュバーナー夫人	一名
	六	四	タイ国　プミポン・アドウンヤデート国王夫妻	—
	六	二十五	アメリカ空軍士官学校空軍大佐ティモシー・F・マッコンネル 以下士官候補生	百四十名
三十九	四	二十	ラオス駐在フランス陸軍師団長フランソワ・ランクルノン将軍夫妻 駐日フランス大使館陸軍武官補佐官少佐アンドレ・フシエ	—
	四	二十五	アメリカ空軍中佐チャールズ・W・テナント	計七名
	六	三	インドネシア大使館附海軍武官中佐イマム・サルジョノ	—
	六	十三	アルゼンチン・ブエノスアイレル市 日本文化研究会会長バルビエ女史	—
	九	二十	ビルマ連邦共和国労働大臣タンセン、同国駐日大使トン・シェイン	二名
	十	七	イタリア国防大臣ジュリオ・アンドレオッチ、練習艦隊司令官 海軍中将ダラデーネ以下練習艦隊士官候補生九十名 音楽隊二十四名、駐日大使マウリリオ・コッピーニ	上記
	十	十七	パキスタン陸軍最高司令官大将モハメット・ムザ 駐日パキスタン大使中将カーリッド・マソード・シェイク	—
	十一	十一	パラリンッピック第二部参加のドイツ傷痍軍人	計七名

四十	三	八	ドイツ大使　ハーバート・デットマン	二名
	三	二十六	西ドイツ練習巡洋艦ドイッチェランド号艦長海軍大佐ヘルベルト・コールマン以下士官候補生・乗組員五十名 駐日大使ヘルベルト・ジエットマン	上記
	四	十六	タイ練習艦隊司令官海軍少将パントム・メークロン号艦長海軍中佐ソラデット以下士官候補生・乗組員百三十五名、駐日大使館附武官海軍大佐ラート・ヤンノン	上記
	六	七	フランス太平洋艦隊護衛艦ドウダール・ラグレ号艦長海軍中佐フランシス・ケラール以下乗組員五十三名 駐日大使館附武官陸軍少佐アンドレ・フシェ	上記
	七	十	アルゼンチ練習艦リベルター号艦長海軍中佐オスカル・モヘ以下士官候補生・乗組員百七十七名、駐日大使ジエルモ・カノ	上記
	九	二十八	駐日ベトナム大使クウェン・ドゥイ・クワン	二名
	十	七	ハワイ一三九九部隊エンジニヤ・ベテランズ・クラブ団長 ポール田島、副団長ディック川崎	計百二十四名
	十	十	WVF会長フォン・ラショット	—
	十二	二十九	アメリカハンフリー副大統領夫人、ライシャワー駐日大使夫人	五名

四十一	一	三十一	フランス練習艦隊司令官兼ヘリコプター空母ジャンヌ・ダルク号海軍大佐C・クラヴリー、護衛艦ヴィクトール・シェルシェ号艦長海軍中佐B・フランシェ以下士官候補生・乗組員百二十八名 駐日代理大使トゥッセン参事官	上記
	二	十七	ペルー共和国練習艦隊インディペンデンシア号艦長海軍大佐エンリケ・ヴィリヤ以下士官候補生・乗組員百二十名 駐日大使ホセカロス・フェイレイドス	上記
	五	十四	WVF（世界歴戦者同盟）極東地域大会出席のノルマン・クルトン事務総長	計四十五名
	五	二十九	米大使ライシャワー代理大使館附武官　ミラー大佐	—
	五	三十	チリ共和国練習艦隊エスメラルダ号艦長海軍中佐ロベルト・ケリー以下士官候補生・乗組員百八十名 駐日大使オーガスト・モランビオ	上記
	六	十五	イギリス大使館広報官D・ブルークレイ	計六名
	十	二十九	沖縄駐留アメリカ軍最高顧問ジェームズ・V・マーチン夫妻	—
四十二	四	三	ドイツ連邦共和国大使館附武官海軍大佐D・W・シューネマン	三名
	四	三	南ベトナム経済大臣グエン・ノック・チュイ	八名

	四	七	インターナショナル・キワニスクラブ本部事務副長 T・フランク・マッケーブ	一名
	九	六	ブラジル共和国ドジャネス司教	一名
	十一	十六	インターナショナル・キワニスクラブ会長ジェームズ・モラー夫妻	──
四十三	六	二十五	ブラジル共和国練習艦隊クストディオ・デ・メーロー号艦長 海軍大佐エデノ・ビアナ・シャモンテ以下士官候補生・乗組員 百二十名、駐日大使アルバロ・ティセイラ・ソアレス、大使館附武官海軍大佐ジャガース	上記
	七	二十八	オーストリア・ウィーンサーバス旅行団一行	九名
	十一	十四	インターナショナル・キワニスクラブ会長 ハロルド・ヘンバーク夫妻	計十八名
	十二	二	ドイツ連邦軍総監陸軍大将ウルリッヒ・ド・メズィエール以下三名 大使館附武官大佐シューネマン	上記
四十四	二	九	アメリカ海軍太平洋潜水艦部隊指揮官海軍少将 ウォルター・T・スモール、同第七潜水艦群司令海軍大佐 ロイド・D・ヤイーク・同夫人	──
	三	二十	国際赤十字社事務総長ロージェ・ガロパン	一名

	三	二十七	駐日ビルマ大使ウ・バ・シーエ	—
	四	九	在日アメリカ海軍司令官海軍少将ダニエル・T・スミス	計二十五名
	五	七	東部ニューギニア・ウニワラ知事エドウィン・G・ヒックス	二名
	五	九	アメリカ・アイオワ州立大学哲学科教授エマーソン・シデラー	一名
	六	六	奈良市登美ケ丘カトリック教会トニー・グリーン神父	—
	七	四	アメリカ五大学連合日本研究旅行団シュナイダー博士夫妻	三十五名
	七	二十	アメリカ北部カロリナ大学ドナルド・W・シェーバー博士夫妻	二名
	八	二十四	アメリカ海軍次官ワーナー	七名
	十	五	オーストラリア・カウラ市長A・M・オリバー夫妻 カウラ戦友会会員並びに遺族	五十三名
	十	二十四	西ドイツ大使館附武官海軍大佐S・L・シューネマン（旧任） 同海軍大佐U・S・クラウス（新任）	—
四十五	一	十二	ドイツ空軍総監空軍中将ヨハネス・シュタインホッフ	五名
	二	三	フランス練習艦ヴィクトール・シェルシェ号 艦長ピエール・トウベ海軍中佐以下士官候補生	六十五名
	四	六	オーストラリア・ロータリークラブ訪日団団長S・M・デル	五名

	五	十二	オーストラリア　メリーア・アシュバーナ	—
	六	一	日仏経済使節団代表マダム・マキシムロベール	計七名
	七	二	アルゼンチン海軍練習艦リベルタード号 艦長海軍大佐エミリオエルワード・マセラ	計五十二名
	七	七	米国ルーテル教会系五大学連合視察団 デレウィン・B・シュナイダー教授	三十名
	七	三十一	西カロリン諸島パラオ島ヨイチ・シンゲオ	一名
四十六	三	二十六	ニューギニア国会議員マイケル・トマス・ソマレ	二名
	七	八	西ドイツ海軍総監ゲルト・イエシヨネック中将	六名
	七	九	米国ルーテル教会系五大学　ユージン・R・スワンガー教授	計二十四名
	九	二十二	西ドイツ軍医総監デアー中将	二名
	十	十五	オーストラリア　メリーア・アシュバーナ	—
四十七	三	十五	イスラエル国情報副部長ギルボア准将	一名
	三	二十一	スペイン海軍練習艦隊ファン・セバスチャンエルカー号 艦長リカルド・バリエスピン・ラウレル海軍中佐	計五十名
	四	一	チリ海軍練習艦エスメラルダ号ロウル・ロペス・シルバ海軍大佐等	—

	六	八	オーストラリア・カウラ市市長Ｌ・Ｊ・カップス	二名
	八	十	ドイツ大使館付武官ハンス・ファーバー	計三名
	八	二十一	カンボジアクメール共和国陸軍大佐 大統領府特別調整委員会委員長ロンノン	一名
	八	二十四	オーストラリア三九大隊隊員アルフ・サイモン	計三十二名
	十	十九	イタリア大使館付防衛武官空軍准将Ｒ・ドルランディ ドイツ大使館付武官補佐官陸軍少佐クラウス・ボルツェ ブラジル大使館付防衛武官海軍大佐Ｊ・Ｂ・ファリア アルゼンチン大使館付海軍武官海軍大佐Ｔ・Ｎ・オリヴァ	一名 一名
四十八	一	二十八	西ドイツ陸軍総監陸軍中将エルネスト・フェルバー	三名
	二	十四	元南ベトナム元首バオ・ダイ	二名
	三	三	ペルー海軍練習艦隊艦長アレハンドロ・ペレス・ルイス	計六十名
	五	十四	チリ国空軍士官学校研修団団長ヴァン・シューエン空軍少将	計七十名
	六	四	ソビエト連邦プラウダ論説委員ビクトル・Ｖ・マエフスキー	一名
	九	三十	南太平洋トンガ王国皇太子ツポトア、労働次官ヴェテ	計八名
	十	三	ドイツ連邦共和国大使館付空軍武官タイス	一名

	十	十四	オーストラリア　カウラ市市長A・J・オリヴァー	二十四名
	十	十六	ドイツ大使館館員ハンス・フェバリー	一名
	十一	八	トンガ王国国王タウファアハウ・ツポウ四世 王妃ハラエバル・マタアホ	四名
四十九	二	十九	仏海軍ヘリ空母ジャンヌ・ダルク号ベリエール艦長以下 駆逐艦フォーバン号エドワード艦長以下	八十名
	四	八	アメリカ大使館付武官リチャード・ネルソン・スタンダード大佐	計六名
	五	十六	西ドイツ海軍練習艦ドイッチュランド号 艦長クルト・F・ジーフェルト大佐	計五十四名
	六	二十一	グアム島アガナ市フェルナンド・S・パンヘリナン神父	計二名
	八	十六	米国元海軍大将ロバート・バーク夫妻	一名
	九	十一	ベルギー国上院議員ダエ・ラレー	二名
	十	十二	ドイツ連邦軍人会エルンスト・ノエーベル中佐	計十八名
	十	二十八	インド　G・S・デロン大佐	計四名
	十一	十七	パキスタン　チトラール王国守備司令官 シャラダ・ブルハヌデン・カーン	一名

五十	十一	八	ビルマ国農業大臣ウー・ボー・レーサ	三名
五十一	八	十六	米国キワニスクラブ　テッド・オズボーン夫妻	—
	九	二十九	オーストラリア　カウラ市国際ロータリー アラン・G・ボリヤス夫妻	—
	十一	十一	ドイツ退役空軍大将ヨハネス・シュタインホフ	—
	十一	十五	英国海軍館館長G・クラーク夫妻	—
五十二	三	四	米国テキサス州ダラス市 法学博士ジョージ・ランボーン・ウェスト	五名
	三	四	米国エネルギー・ウェール・コーポレーション・オブ・アメリカ社長 アル・E・ハンフリー	三名
	三	七	フランス練習艦ジャンヌ・ダルク号艦長 ステファーノ・ボーサン海軍大佐 フォルバン号艦長ジョンノエル・プーリカン 駐日フランス大使館付武官海軍大佐アンドレ・ルメール	百名
	三	二十六	クワイ河（タイ国）再会団英国精神科医W・H・オールチン博士	計六名
	七	十一	ブラジル　マスダ・ミノル国会議員	—
	九	四	タイ国国軍副司令官クリアン・サック大将	計八名

	九	十九	ドイツ大使館付新任武官カール・ハインリッヒタルス 退任武官ペーター・シュミット	—
	十一	二十二	アルゼンチン共和国空軍士官学校ヘルス・C・カペリーニ	計百五名
五十三	一	十二	米国横須賀基地ウィリアム・アルバート・ハーマン	—
	四	十九	ドイツ海軍練習艦隊ドイッチェランド号艦長 ゲルハルト・クランケ大佐	計五十四名
	五	二十	カナダ空軍在郷軍人会 会長ヒュー・ブレーザー・デングスデール夫妻	—
	六	五	オーストラリア在郷軍人ガードナー駐日武官	計二十五名
	七	十	米国キワニスクラブ会長モーリス・グラッドマン	四名
	七	二十八	オーストラリア旧軍人ランス・ロー	計五名
五十四	五	三	米国海兵隊元海軍中佐ジョージ・W・トーナー	—
	五	九	ドイツ連邦共和国退役海軍少将ギュンター・ポーザー	—
	五	九	国際キワニスクラブ　ヒルマック・T・ビル・ソルブリー	—
	七	二十	ハバナ　国際キワニスクラブ　アレン・レオラ・デュッフェル オーストリア　ウィーン大学教授フリッツ・フンガー・ライダー	—

	十	二十八	インド・カルカッタ市チャンドラボース・リサーチインスティチュート館長 シシール・クマール・ボース夫妻	三名
	十一	四	オーストラリア・キャンベラ市戦争博物館館長N・V・フラナガン 同国駐日武官L・D・キング中尉	一名
五十五	二	六	ハワイ太平洋潜水艦博物館館長W・E・アーリー氏	—
	九	二十五	前ドイツ陸軍第五軍楽隊長ハインツ・シュリューター中佐	—
	十一	一	チベットラマ教法王第十四世ダライ・ラマ	—
五十六	一	二十六	アメリカ空軍横田基地司令官空軍大佐 ドウェイン・C・オーベルグ夫妻	計五名
	四	二十九	在日アメリカンスクール教育長リチャード・オズナー	一名
	五	十二	ウィーン大学宗教学仏教学教授 フリッツ・フィンガー・ライダー夫妻	計二十八名
	六	二十二	インドネシア共和国宗教大臣 アラムシャ・ラトゥ・プラウィ・ネガラ	計十三名
	十	十三	在日ドイツ連邦共和国大使館付国防武官 クラウス・O・ボルツェ陸軍大佐	—
	十二	二十五	インド・インディラ大学教授K・S・ムルティー	—

五十七	三	二十五	西ドイツ・マンハイム大学教授ヘルベルト・ホップ	―
	五	七	ドイツ退役軍人准将ヴェルナー・シューネマン博士	―
	六	二	ウィーン大学教授フンガーライダー	七名
	九	二十四	ヤップ島ウルル管区フェルナンド・R・フラワース大酋長	計十三名
	十	二十一	ドイツ連邦軍海軍中佐グンター・シュミット博士夫妻	―
	十一	二十五	エジプト国会議員・前世界イスラム審議会事務総長 モハメッド・トゥフィク・オーエイダ博士	―
五十八	四	七	オーストラリア・アンリー市前市長ジョアン・ソーバン	―
	八	四	アメリカ国立公園アリゾナ記念館館長ゲーリー・カミンズ	七名
	十	四	ドイツ連邦軍協会グループ団長タイス大佐	四十八名
	十一	九	インド・マガタ大学歴史学教授アングッシュマン・ラビ博士 同教授シンジャ・アワマンドゥ・クレジ博士	―
五十九	四	十六	アメリカ合衆国アンチオック大学教授ハロルド・ライト	一名
	五	十	アメリカ合衆国ハワイ州知事ジョージ・有吉夫妻	二名

	七	二十三	ドイツ連邦共和国北京駐在武官陸軍大佐 ラインハルト・ディードリッヒ夫妻 空軍中佐ハインツ・エーベルハルト・マウル夫妻	—
六十	十二	十三	インド国民軍陸軍大佐シャーンザダ・ブランディーン・カーン	二名
	六	十	駐日エジプト大使モハメッド・サミー・サーベット 同公使アニース・ネマタラー	—
	七	二十三	アメリカ軍横田基地空軍司令官ウォル・ファイル大佐	八名
	十	十七	ドイツ銀行協会シュレーダー・オーヘンワルト	三名
	十	十八	ドイツ連邦共和国大使館国防武官大佐マウル	—
	十一	十一	ドイツ連邦共和国大使館防衛武官大佐 ハインズ・エベルハルド・ウルマ	二名
六十一	三	六	アメリカ空軍横田基地副司令官エドワード・フライ大佐	六名
	四	十五	ハーバード大学神学部教授ハーヴィー・コックス	一名
	八	二十六	西ドイツ軍事史学会長・ジュトットガルト大学教授 ユルゲン・ローヴェル博士	—
六十二	九	七	アメリカ　ミズリー州立大学教授ワーナー・ザブレット	一名

	十	十九	元ドイツ連邦共和国駐日大使クルグ海軍大佐夫妻	一名
六十三	四	二十九	パラオ共和国自由党党首カツミ・イナボ	二名
	八	十三	パキスタン大使館付陸軍准将 プリカディー・ムハマド・ネイブ・テナ	—
	十	二十七	アメリカ横須賀基地司令官海軍大佐スティーブン・H・ハウエル	一名
平成元	四	十三	パキスタン国立防衛大学フランク・A・ラナ博士	十二名
	四	十四	イギリス・ケンブリッジ大学ジェネラル・ケインズ・カレッジ ジョン・ケーシー博士	—
	六	二十	アメリカ横須賀基地司令官海軍大佐スティーブン・H・ハウエル	—
	六	二十二	オーストラリア・オーマンリー大学学長ザイテル・ブルガー教授夫妻	—
	十一	十四	ドイツハンブルク市国防軍指揮幕僚学校教官 エーベルバルト・メシェル空軍大佐	—
二	六	八	アメリカハワイ州元ハワイ陸軍博物館館長ウォーレン・セスラー	—
	十	二十一	ドイツ　バーデン・ヴュルテンブルク州在郷軍人会会長 ヘルムート・デッケルト	—
	十	二十七	シュツットガルト放送交響楽団団長ルッツ・リューデンマン博士	—

三	二	十四	日本体育大学講師　ソ連ワレンティア・モンザレフスカヤ	二名
	六	三十	キングスレイ・ウォード夫妻	―
	十	三十	チリ国通産大臣ルネ・アベリウク	二名
四	三	一	在日スリランカ大使C・マヘンドラン	三名
	七	十	フィンランド特命大使カリ・ベルホルム	二名
	十	二十八	NATO民間非常事態計画委員会 オランダ　フランス・P・シュルテ少将 デンマーク　ミハエル・H・エルムクイスト夫妻	一名
五	九	二十一	リトアニア共和国アドルファス・スレジェベシス首相	六名
	十一	三	元英国軍人ミハイル・B・アダムス大佐	十二名
	十一	七	タイ王国空軍司令官補佐サマート・ソサティット空軍大将	四名
六	六	二十六	アメリカ　ジョージ・ウエスト博士夫妻	一名
	十	四	元米軍パイロット　マーガス・H・アダムス	五名
七	四	二十六	インド極東国際軍事裁判ラダノート・パール令息 プロサント・パール	二名
	四	三十	ドイツ　テレビ協会トーマス・オイティング	一名

著者紹介

百地　章（ももち　あきら）

昭和21年（1946）、静岡県生まれ。
昭和46年（1971）、京都大学大学院法学研究科修士課程修了。愛媛大学教授を経て、平成6年（1994）より日本大学法学部教授（憲法学専攻）。京都大学博士（法学）。

主要著書・訳書

『政教分離とは何か』（成文堂、平成9年）、『憲法と政教分離』（成文堂、平成3年）、『日本の宗教と政治』（成文堂、平成13年、共著）、『新憲法のすすめ』（明成社、平成13年、共著）、『「国家」を見失った日本人』（小学館、平成13年、共著）、『新教育基本法　6つの提言』（小学館、平成13年、共著）、『国家と宗教の間』（日本教文社、平成元年、共著）、『憲法Ｉ　総論・統治機構』（成文堂、昭和61年、共著）、Ｇ・ライプホルツ『現代民主主義の構造問題』（木鐸社、昭和49年、共訳）、『永住外国人の参政権問題Ｑ＆Ａ』（自費出版、平成12年）他。

成文堂選書42

靖国と憲法

2003年11月10日　初版第1刷発行
2005年3月10日　初版第2刷発行

著　者　百　地　　章

発行者　阿　部　耕　一

〒162-0041 東京都新宿区早稲田鶴巻町514
発行所　株式会社　成　文　堂
電話 03(3203)9201　Fax 03(3203)9206
http://www.seibundoh.co.jp

製版・印刷・製本　藤原印刷

ISBN4-7923-0366-4　C3032
定価（本体2500円＋税）

成文堂選書

23	スポーツは役に立つのか (本体2300円)	中京大学教授	藤原健固
24	脳死移植立法のあり方 (本体2500円)	京都大学名誉教授	中山研一
25	転換期の東アジア経済と日本 (本体2300円)	常磐大学教授	粕谷雄二
26	教会法とは何だろうか (本体2200円)	上智大学名誉教授	ホセ・ヨンパルト
27	地球環境をリエンジニアリングする (本体2000円)	愛知学院大学教授	西嶋洋一
28	憲法改正論への招待 (本体1900円)	駒沢大学教授	竹花光範
29	政教分離とは何か－争点の解明－ (本体3200円)	日本大学教授	百地章
30	法学・刑法学を学ぶ (本体2200円)	明治大学教授	川端博
31	環境・資源・健康共生都市を目指して (本体3200円)	早稲田大学教授 早稲田大学教授	寄本勝美 田村貞雄 (編)
32	日本人の論理と合理性 (本体2500円)	上智大学名誉教授	ホセ・ヨンパルト
33	イスラームとの対話 (本体2200円)	麗沢大学助教授	保坂俊司
34	イスラームと民主主義 (本体3000円)	文教大学教授 岐阜大学助教授	宮原辰夫 大和隆介 (訳)
35	未来にかける橋 (本体2800円)	早稲田大学名誉教授	安藤彦太郎
36	中国漢代人物伝 (本体2300円)	国士舘大学教授	濱田英作
37	月を曳く船方 (本体2300円)		阪本英樹
38	学問と信仰の世界 (本体2300円)	上智大学名誉教授	ホセ・ヨンパルト
39	著作権を確立した人々 (本体2000円)	久留米大学教授	大家重夫
40	刑法の根底にあるもの 増補版 (本体2300円)	早稲田大学名誉教授	西原春夫
41	刑法の基本思想 増補版 (本体2500円)	京都大学名誉教授	中山研一
42	靖国と憲法 (本体2500円)	日本大学教授	百地章
43	道徳的・法的責任の三つの条件 (本体2300円)	上智大学名誉教授	ホセ・ヨンパルト